Betriebswirtschaftslehre/ Rechnungswesen AK 9

für die 9. Jahrgangsstufe an sechsstufigen Realschulen

Stefan Harbauer, Weiden; Maria Kinzinger, Neumarkt (Opf.); Robert Kotouc, Bad Aibling; Günther Loibl, Landshut; Christian Marchl, Schöllnach; Lothar Öttl, Passau; Werner Risser, Bad Staffelstein; Walter Schraml, Sulzbach-Rosenberg

Arbeitsheft

AK 9

5. Auflage 2009 – Buch-Nr. 6908 – Aktualisierte Auflage 2012
ISBN 978-3-89650-272-8

Verlag Ernst Vögel
Stamsried

Bildnachweis: picture-alliance / dpa-infografik
(Seiten 32–33, 96, 128, 134, 140–143, 148, 198)
picture-alliance / dpa-Grafik
(Seite 20)
Stefan Harbauer, Weiden
Maria Kinzinger, Neumarkt (Opf.)
Robert Kotouc, Bad Aibling
Christian Marchl, Schöllnach
Lothar Öttl, Passau
Werner Risser, Bad Staffelstein
Walter Schraml, Sulzbach-Rosenberg
Verlag Vögel, Stamsried
Shutterstock, Inc.
(Seiten 4–7, 27–29, 80, 193, 247–249, 276–280, 286, 290)

Karikaturen: Earl Schäfer, Marktheidenfeld

Herstellung: Druck+Verlag Ernst Vögel GmbH · D-93491 Stamsried

Vorwort für Schülerinnen und Schüler

1. Dieses Arbeitsheft enthält alle Aufgaben aus dem Lehrbuch „Betriebswirtschaftslehre/Rechnungswesen AK 9“ in der gleichen Nummerierung und bietet dir den erforderlichen Platz für eine

   - klare,
   - saubere,
   - und übersichtliche

   Darstellung der Lösungen. Für die Richtigkeit der Einträge musst du allerdings selbst sorgen.
2. Der Abdruck der Aufgabentexte bietet dir außerdem die Möglichkeit, bei der Vorbereitung auf die Abschlussprüfung den Prüfungsstoff zu wiederholen und zu sichern. Bewahre also dieses Arbeitsheft auf!

Es gilt ein Umsatzsteuersatz von 19%.

Das Autorenteam wünscht dir viel Erfolg.

Vorwort für Kolleginnen und Kollegen

Das zum Lehrbuch AK 9 gehörige Arbeitsheft soll sich bei der Unterrichtsorganisation und bei den Hausaufgaben zeitsparend auswirken und mithelfen, die Schülerinnen und Schüler zu einer selbstständigen und gewissenhaften Arbeits- und Darstellungsweise zu erziehen.

Das Autorenteam

Inhaltsverzeichnis

1 Wiederholen und Üben

Aufgabe 1

Erstelle zusammen mit einem Mitschüler eine „Mind-Map“ zu folgenden Themen:

1. Verkauf von Fertigerzeugnissen und Handelswaren
2. Umsatzsteuer
3. Privatkonto
4. Industriekontenrahmen

Lösung 1

Lösung 1 (Fortsetzung)

Aufgabe 2

Geschäftsgang zum Unternehmen „Stefanie Bauer Holzbau Rosenheim"

Folgende Eröffnungsbilanz liegt zu Beginn des Geschäftsjahres vor (Euro):

Aktiva	Eröffnungsbilanz		Passiva
0500 UGR	1.200.000,00	3000 EK	6.350.000,00
0510 BGR	2.200.000,00	4200 KBKV	768.000,00
0530 BVG	4.200.000,00	4250 LBKV	4.280.000,00
0700 MA	2.420.000,00	4400 VE	1.201.000,00
0840 FP	840.000,00	4800 UST	124.200,00
0860 BM	540.000,00		
0870 BA	635.000,00		
2400 FO	338.000,00		
2600 VORST	48.000,00		
2800 BK	278.000,00		
2880 KA	24.200,00		
	12.723.200,00		12.723.200,00

Weitere Konten, die das Unternehmen führt:

3001 P, 5000 UEFE, 5001 EBFE, 5100 UEHW, 5101 EBHW, 5400 EMP, 6000 AWR, 6001 BZKR, 6010 AWF, 6011 BZKF, 6020 AWH, 6021 BZKH, 6022 NH, 6030 AWB, 6031 BZKB, 6040 AWVM, 6080 AWHW, 6081 BZKHW, 6082 NHW, 6140 AFR, 6700 AWMP, 6710 LS, 6730 GEB, 6750 KGV, 6770 RBK, 6800 BMK, 6810 ZFL, 6820 PUK, 6870 WER, 6900 VBEI, 7020 GRST, 7030 KFZST

Folgende Arbeiten sind zu erledigen:

1. **Erstelle das Eröffnungsbilanzkonto.**
2. **Eröffne die Bestandskonten und bilde die Buchungssätze für die Eröffnungsbuchungen.**
3. **Bilde die Buchungssätze für die nachfolgenden Geschäftsfälle und buche in den Konten.**

3.1	Zieleinkauf bei der Firma „Schraubenfix", Listenpreis (netto) für Holzschrauben	980,00 €
	abzüglich 10% Rabatt	??? €
3.2	Banklastschrift:	
	Werbeanzeigen für den Monat August, brutto	142,80 €
	Garagenmiete, brutto	47,60 €
	Kopierpapier, brutto	64,26 €
3.3	Zielverkauf von 5 Partyzelten Typ „Gloria"	
	Stückpreis (netto) 340,00 €	1.700,00 €
	zuzüglich Versandkosten, netto	90,00 €
3.4	Eingangsrechnung für Verpackungsmaterial, netto	680,00 €
3.5	Bankabbuchung der Leasingrate für einen Lkw, brutto	737,80 €
3.6	Banküberweisung an die Firma „Schraubenfix" (siehe 3.1) unter Abzug von 3% Skonto	??? €
3.7	Gutschrift an unseren Kunden für die Rücksendung eines beschädigten Partyzeltes Typ „Gloria" (siehe 3.3)	??? €
3.8	Bankauszug: Stromrechnung (brutto)	975,80 €
3.9	Banklastschrift:	
	Einkommensteuervorauszahlung	4.250,00 €
	Grundsteuer	450,00 €
	KFZ-Steuer	1.230,00 €
3.10	Bankgutschrift für das vermietete Lagergebäude, brutto	892,50 €
3.11	Zielverkauf von drei Gartenhäusern vom Typ „Karwendel", netto	4.200,00 €
	zuzüglich Speditionskosten, netto	320,00 €
3.12	Banküberweisung des Kunden (siehe 3.3 und 3.7)	??? €

3.13	Zieleinkauf von Fichtenholz, netto	4.000,00 €
	abzüglich 5% Rabatt	??? €
	zuzüglich Transportkosten, netto	240,00 €
3.14	Banküberweisung des Kunden (siehe 3.11) unter Abzug von 2% Skonto	??? €
3.15	Barkauf von Verpackungsmaterial, brutto	642,60 €
3.16	Zieleinkauf von 20 Gartenleuchten Typ „Elegance", netto	4.800,00 €
	zuzüglich Fracht, netto	140,00 €
3.17	Banklastschrift:	
	Kontoführungsgebühren	80,00 €
	Abonnement für Fachzeitschrift, brutto (7% USt.)	44,94 €
	Telefongebühren, brutto	285,60 €
3.18	Eingangsrechnung: Heizöl, netto	4.800,00 €
	zuzüglich Fracht, netto	110,00 €
3.19	Zielverkauf eines Holzhauses Typ „Chiemsee", netto	34.000,00 €
3.20	Eingangsrechnung: Transportkosten für den Zielverkauf	
	des Holzhauses, (siehe 3.19) netto	780,00 €

4. Bilde die Buchungssätze für die nachfolgenden Belege und buche in den Konten.

Beleg 1:

Sägewerk

Kranzhorn GmbH

Tatzelwurm 100 · 83098 Brannenburg
Telefon: 08034 3040 · Telefax: 08034 3050
E-Mail: info@kranzhorn.xyz

Sägewerk Kranzhorn GmbH · Tatzelwurm 100 · 83098 Brannenburg

Firma
Stefanie Bauer
Lindenstraße 14–16
83024 Rosenheim

Rechnung

Rechnungsnummer:	2062340
Datum:	02. September 20..
Lieferdatum:	02. September 20..
Kundennummer:	509050
Bestellung:	10. August 20..
Sachbearbeiterin:	Frau Oberauer

Art.-Nr.	Menge	Bezeichnung	Einzelpreis	Gesamtpreis
1	15 m³	Buchenholz	300,00 Euro	4.500,00 Euro
				4.500,00 Euro
			– 10% Rabatt	450,00 Euro
				4.050,00 Euro
			+ 19% Umsatzsteuer	769,50 Euro
			Rechnungsbetrag	4.819,50 Euro

Zahlbar ohne Abzug innerhalb 30 Tagen.
Die Ware bleibt bis zur vollständigen Bezahlung Eigentum des Lieferanten.

Die Lieferung erfolgt gemäß unseren Geschäftsbedingungen.
Bankverbindung: Genossenschaftsbank Brannenburg · BLZ 720 560 10 · Kontonummer: 223040
Sitz der Gesellschaft: 83098 Brannenburg · Handelsregister Traunstein HRB Nr. 1429
Geschäftsführer: Josef Kranzhorn · Steuer-Nr. 9156/160/13175 · USt-IdNr. DE146064689

Beleg 2:

MediaExpert GmbH
Lichtweg 1a • 80133 München
Telefon: 089 3010-0 • Fax: 089 3010-22 • E-Mail: medialux@a-online.xyz
Internet: http://www.medialux.xyz

MediaExpert GmbH • Lichtweg 1a • 80133 München

Firma
Stefanie Bauer Holzbau
Lindenstraße 14–16
83024 Rosenheim

München, 04. September 20..

RECHNUNG

Lieferdatum: 04. September 20..

Medialux „Beamer ML 250"	2.800,00 Euro
Gesamtbetrag, netto	2.800,00 Euro
+ 19% Umsatzsteuer	532,00 Euro
Rechnungsbetrag	3.332,00 Euro

Zahlbar ohne Abzug innerhalb von 30 Tagen.
Bankhaus München • BLZ 710 100 10 • Kontonummer 543654 • USt-IdNr. DE319000408 • St.-Nr. 9147/197/12366
Geschäftsführerin: Simone Kress • HRB München 43216

Beleg 3:

LACKFABRIK F. REGER GMBH

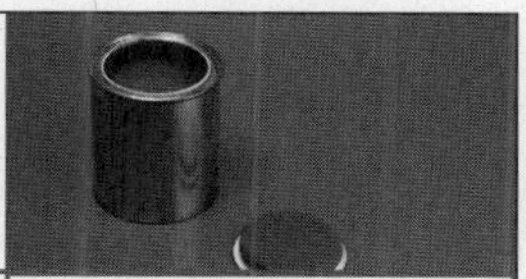

REGER LACKE
St.-Veit-Weg 4
93057 Regensburg
Telefon: 0941 999073
Telefax: 0941 999074

REGER LACKE • St.-Veit-Weg 4 • 93057 Regensburg

Firma
Stefanie Bauer Holzbau
Lindenstraße 14–16
83024 Rosenheim

RECHNUNG

Lieferdatum: 04. September 20..

Auftrag vom	Lieferschein-Nr.:	Rechnung vom	Rechnungs-Nr.: 02002343
24. August 20..	12-325	04. September 20..	**Bei Zahlung bitte angeben!**

Pos.	Art.	Menge	Bezeichnung	E-Preis	G-Preis
1	P3S05	30	Grundlack „perfekt"	14,20 EUR	426,00 EUR
2	K3S06	30	Klarlack „alpin"	9,95 EUR	298,50 EUR
3	F2S08	40	Leim „beinhart"	12,50 EUR	500,00 EUR

Warenwert (netto)	Verpackung (netto)	USt. 19%	Rechnungsbetrag
1.224,50 EUR	**75,50 EUR**	**247,00 EUR**	**1.547,00 EUR**

Zahlbar: Innerhalb von 8 Tagen 3% Skonto oder 30 Tage rein netto, ohne Abzug.
Geschäftsführerin: Anneliese Reger • Regensburg HRB 54329
Donaubank Regensburg • Kontonummer: 208605 • BLZ 762 040 08 • USt-IdNr. DE240032567 • Steuer-Nr. 9244/178/32753

Beleg 4:

Rechtsanwaltskanzlei Klaus Bentz

Waaggasse 1 • 92421 Schwandorf
Telefon: 09431 3880 • Fax: 09431 3890 • E-Mail: klug@x-online.xyz

Rechtsanwaltskanzlei Klaus Bentz • Waaggasse 1 • 92421 Schwandorf

Firma
Stefanie Bauer Holzbau
Lindenstraße 14–16
83024 Rosenheim

Schwandorf, 04. September 20..

Rechnung (Nr. 2015 / Leistung: 04. September 20..)

Honorar für Vertretung im Verfahren Bauer gegen Müller vor dem Amtsgericht Rosenheim	1.800,00 Euro
+ 19% Umsatzsteuer	342,00 Euro
Gesamtbetrag	2.142,00 Euro

Zahlbar ohne Abzug innerhalb von 30 Tagen.
Bankverbindung: Naabbank Schwandorf • BLZ 750 218 00 • Kontonummer: 950850
USt-IdNr. DE273857489 • Steuer-Nr. 9248/275/11223

Beleg 5:

GEWERBEBANK ROSENHEIM

IBAN DE72711511000000471166 BIC GBNKDEFF	Kontonummer: 471166	Datum: 14. 09. 20..	Auszug: 108/20..	Blatt: 1

KONTOAUSZUG

Vorgang/Buchungsinformationen	Buchung	Wertstellung	Umsatz (EUR)
• Rechtsanwalt Bentz Rechnung Nr. 2015 vom 04. September 20..	12. 09. 20..	12. 09. 20..	2.142,00 S
• Baumarkt Kleinholz Rechnung Nr. 00112 vom 28. August 20.. (diverse Gartenhäuser)	13. 09. 20..	13. 09. 20..	19.516,00 H

GEWERBEBANK ROSENHEIM • 83024 Rosenheim

Firma
Stefanie Bauer Holzbau
Lindenstraße 14–16
83024 Rosenheim

Alter Saldo	12.342,00 EUR H
Neuer Saldo	29.716,00 EUR H

Postanschrift:
Gewerbebank Rosenheim • 83024 Rosenheim

Direkt-Service:
Tel.: 08031 200212

Internet:
www.Gewerbebank.xyz

Bankleitzahl
711 511 00

Beleg 6:

Firma Karl Dietrich e. Kfm.

Eisenstraße 34 · 93051 Regensburg
Telefon: 0941 12345 · Fax: 0941 123451 · E-Mail: kdietrich@x-online.xyz

Karl Dietrich e. Kfm. · Eisenstraße 34 · 93051 Regensburg

Stefanie Bauer Holzbau
Lindenstraße 14–16
83024 Rosenheim

Regensburg, 21. September 20..

RECHNUNG (Nr. 23456 vom 21. September 20.. / Lieferung: 21. September 20..)

100 Spezialschlösser K 04050 V	1.200,00 Euro
– Rabatt 25%	300,00 Euro
	900,00 Euro
+ Fracht	30,00 Euro
= Nettobetrag	930,00 Euro
+ 19% Umsatzsteuer	176,70 Euro
Rechnungsbetrag	1.106,70 Euro

Zahlungsbedingungen: Sofort rein netto. Die Lieferung erfolgt gemäß unseren Geschäftsbedingungen.
Regensburg HRA 5443 · USt-IdNr. DE129409000 · Steuer-Nr. 9244/213/83259
Bankverbindung: Stadtbank · BLZ 740 832 78 · Kontonummer: 4466

Beleg 7:

Bayerische Landesbrandversicherung AG

Ludwigstraße 28 · 80359 München · Telefon: 089 300-243 · Telefax: 089 300-123

Bayerische Landesbrandversicherung AG · Ludwigstraße 28 · 80359 München

Stefanie Bauer
Lindenstraße 14–16
83024 Rosenheim

München, 25. September 20..

Beitragsrechnung für Ihre Gebäudebrandversicherung

Versicherungsnummer: 78300048/750
Zweig: 900 · Inkassostelle: 910300 · Zahlungsweise: 1/1 jährlich · Fällig am: 01. Oktober 20..

Feuer	525,69 Euro
Versicherungssteuer (nach den aktuellen gesetzlichen Steuersätzen)	69,39 Euro
Gesamt	**595,08 Euro**

Der fällige Gesamtbetrag wird vereinbarungsgemäß eingezogen. Beachten Sie bitte die Hinweise auf der Rückseite.
Unser Konto: Bayerische Landesbank · BLZ 700 500 00 · Kontonummer: 2398
Amtsgericht München HRB 4159 · Steuer-Nr.: 9147/104/87214
Vorstandsvorsitzender: Dipl.-Kfm. Karl Hofer

Beleg 8:

LICHT GmbH

Artilleriestraße 25
91052 Erlangen

LICHT GmbH · Artilleriestraße 25 · 91052 Erlangen

Firma
Stefanie Bauer
Lindenstraße 14–16
83024 Rosenheim

Kundennummer:	Gutschriftnummer:	Belegnummer:	Datum:
240087	G 863	GE 0001	23. September 20..

GUTSCHRIFT

Unsere Rechnung Nr. 98650 vom 05. August 20..

Aufgrund Ihrer Mängelrüge gewähren wir Ihnen auf die Lieferung von 15 Gartenleuchten „Sommertraum" einen Preisnachlass in Höhe von 10 Prozent des Rechnungsbetrages.

Mit freundlichen Grüßen

i. A. F. Brunner

Nachlass netto	261,00 Euro
+ Umsatzsteuer 19%	49,59 Euro
Gutschrift	310,59 Euro

Geschäftsführerin: Petra Hell · HRB 2145
Bankverbindung: Sparkasse Erlangen · Kontonummer: 746589 · BLZ 763 500 00
USt-IdNr. DE900234552 · Steuer-Nr. 9216/181/53214

5. Schließe alle Unterkonten ab und bilde die Buchungssätze für die vorbereitenden Abschlussbuchungen.

6. Abschluss der Erfolgskonten und des GuV-Kontos

6.1 Schließe die Aufwands- und Ertragskonten ab.

6.2 Schließe das Gewinn- und Verlustkonto ab.

6.3 Bilde den Buchungssatz für den Abschluss des Gewinn- und Verlustkontos.

7. Schließe die Bestandskonten ab und bilde die entsprechenden Buchungssätze.

8. Erstelle für die Geschäftsfälle (siehe 3 und 4) ein Vorkontierungsblatt (FIBU) nach folgendem Muster:

Nr.	BA	Datum	Soll	Haben	Beleg Nr.	Text	B/N/F	Betrag	UST
1.	EB	01. 09. 20..	0530	8000	EB 1	Anfangsbestand		420.000,00 €	
...	...	...	...	...	...	...	...	...	...
	B	04. 09. 20..	6000	4400	B 1	Zieleinkauf von Rohstoffen	N	84.000,00 €	V19
...	...	...	...	...	...	...	...	...	...

9. Beantworte die nachfolgenden Fragen.

9.1 Im Vorjahr wurde ein Gewinn von 12.640,00 € erzielt. Berechne den Unterschied zum diesjährigen Ergebnis in Euro und in Prozenten.

9.2 Wodurch könnte diese Veränderung hervorgerufen worden sein? Gib zwei mögliche Ursachen an.

9.3 Welche Maßnahmen sollte das Unternehmen treffen, um im nächsten Jahr wieder ein besseres Ergebnis erzielen zu können?

9.4 Vergleiche die Werte der Bilanz zum 31. 12. mit der Bilanz zum 01. 01. (siehe Seite 3) und beschreibe die Veränderungen.

9.5 Laut Beleg 6 wurden „Spezialschlösser“ eingekauft. Welche weiteren Fremdbauteile könnte das Unternehmen „Stefanie Bauer Holzbau Rosenheim“ für die Produktion benötigen?

9.6 Bei den Geschäftsfällen Nr. 3.1 und 3.13 wurde jeweils Rabatt gewährt. Nenne Gründe für die Gewährung von Sofortrabatten.

Lösung 2

S Eröffnungsbilanzkonto H

Lösung 2 (Fortsetzung)

Lösung 2 (Fortsetzung)

Lösung 2 (Fortsetzung)

Aktiva	Bilanz 01. 01.	Passiva

S	0500 UGR	H

S	0510 BGR	H

S	0530 BVG	H

S	0700 MA	H

S	0840 FP	H

S	0860 BM	H

S	0870 BA	H

S	2600 VORST	H

S	2400 FO	H

Lösung 2 (Fortsetzung)

S 2800 BK H

S 2880 KA H

S 3000 EK H

S 3001 P H

S 4200 KBKV H

S 4250 LBKV H

S 4400 VE H

S 4800 UST H

S 5000 UEFE H

S 5001 EBFE H

S 5100 UEHW H

S 5400 EMP H

Lösung 2 (Fortsetzung)

S 6000 AWR H

S 6001 BZKR H

S 6010 AWF H

S 6011 BZKF H

S 6020 AWH H

S 6021 BZKH H

S 6022 NH H

S 6030 AWB H

S 6031 BZKB H

S 6040 AWVM H

S 6080 AWHW H

S 6081 BZKHW H

S 6082 NHW H

S 6140 AFR H

S 6700 AWMP H

S 6710 LS H

S 6750 KGV H

S 6770 RBK H

S 6800 BMK H

S 6810 ZFL H

Lösung 2 (Fortsetzung)

S 6820 PUK H

S 6870 WER H

S 6900 VBEI H

S 7020 GRST H

S 7030 KFZST H

S 8010 SBK H

S 8020 GUV H

Lösung 2 (Fortsetzung)

Nr.	BA	Datum	Soll	Haben	Beleg Nr.	Text	B/N/F	Betrag	UST

Lösung 2 (Fortsetzung)

Nr.	BA	Datum	Soll	Haben	Beleg Nr.	Text	B/N/F	Betrag	UST

Aufgabe 3

Angebotsvergleich

Dem Unternehmen „Stefanie Bauer“ liegen zwei Angebote für den Bezug von 100 Gartenleuchten vor:

	A	B	C	D	E
1			**Angebot A**		**Angebot B**
2	**Kalkulationsschema**				
3	Listeneinkaufspreis		6.800,00 €		#########
4	– Liefererrabatt	10%	#########	8%	#########
5	= Zieleinkaufspreis		#########		#########
6	– Liefererskonto	2%	#########	3%	#########
7	= Bareinkaufspreis		#########		#########
8	+ Bezugskosten		142,40 €		199,40 €
9	**= Einstandspreis**		#########		6.000,00 €

1. Berechne die fehlenden Werte in Euro.
2. Wie hoch ist der Einstandspreis für eine Leuchte bei Angebot A?
3. Gib die Formel für die Berechnung des Zieleinkaufspreises bei Angebot A an.
4. Das Unternehmen Stefanie Bauer entscheidet sich für das Angebot A. Welche Überlegungen könnten bei dieser Entscheidung eine Rolle gespielt haben?
5. Bilde die Buchungssätze:

5.1 für die Barzahlung der Frachtkosten.

5.2 für den Zieleinkauf der 100 Gartenleuchten.

5.3 für die Banküberweisung an den Lieferer innerhalb der Skontofrist.

6. Mit welchem Kalkulationsfaktor rechnet das Unternehmen, wenn eine Leuchte zum Listenverkaufspreis (netto) von 110,50 € verkauft wird?
7. Bilde den Buchungssatz für den Verkauf von fünf Leuchten.
8. Wie hoch ist der Gewinn in Euro und Prozenten für eine Leuchte, wenn die Gemeinkosten für Handelswaren 25% und der eingeräumte Kundenrabatt 10% betragen?

Lösung 3

Lösung 3 (Fortsetzung)

Aufgabe 4

Überprüfe dein Wissen und ergänze die folgenden Lücken.

Das Eröffnungsbilanzkonto ist das Gegenkonto bei den Eröffnungsbuchungen in den ____________________. Die Buchungen der Geschäftsfälle aufgrund der Belege werden als ____________________ bezeichnet. Vorbereitende Abschlussbuchung nennt man den Abschluss der ____________________ über die entsprechenden Hauptkonten. Alle Aufwendungen und Erträge werden über ein Erfolgssammelkonto, das ____________________, abgeschlossen.

Die Paragrafen des Handelsgesetzbuches gelten nicht nur für Handelsunternehmen sondern auch für ____________________ (Industrie und Handwerk). Der Industriekontenrahmen ist eine Zusammenstellung aller Konten, die in einem Industriebetrieb vorkommen können. Jedes Industrieunternehmen erstellt sich einen eigenen ____________________, der auf die speziellen betrieblichen Zwecke zugeschnitten ist. Er ist in ____________ Kontenklassen eingeteilt. Die Kontenklassen 0 – 8 sind für die ____________-buchführung und die Kontenklasse ____________ ist nur für die ____________-buchführung. Der ____________________ ist nach dem sogenannten Abschlussgliederungsprinzip aufgebaut.

Werkstoffe sind alle Güter, die bei der Herstellung eines Produkts verbraucht werden. Wir unterscheiden bei den Werkstoffen ____________, ____________, ____________ und ____________. Erzeugnisse, die nicht in der eigenen Firma hergestellt, sondern von anderen Unternehmen bezogen und unverarbeitet weiterverkauft werden, nennt man ____________________.

Als ____________________ bezeichnet man den Preis, der nach Ablauf des Zahlungsziels zu zahlen ist. Bezugskosten verteuern den ____________________.

Der Verbrauch von Werkstoffen wird auf ____________-konten im ____________ gebucht. Beim Kauf von Werkstoffen und Handelswaren fällt immer ____________-steuer an. ____________ mindern den Listeneinkaufspreis: Sie werden ____________________ und nicht gebucht. Zu den Bezugskosten zählt man z. B. Fracht, Verpackung, ____________, ____________, usw. Bei der Vereinbarung „ab Werk" trägt der ____________ alle Transportkosten. Aus Gründen der Übersichtlichkeit werden die Bezugskosten auf ____________ gebucht. ____________________ von Werkstoffen vermindern den Aufwand und müssen im ____________ des jeweiligen Kontos gebucht werden. Einen Preisnachlass, der auf den Jahresumsatz gewährt wird, bezeichnet man als ____________. Die Berichtigung der anteiligen Vorsteuer bei Preisnachlässen erfolgt im ____________.

Bei der ____________-kalkulation wird, vom Verkaufspreis ausgehend, der ____________________ ermittelt. Bei den Handelswaren entstehen neben dem Bezugspreis Kosten für die Beschaffung, Lagerung, Verwaltung und den Verkauf. Diese Kosten fasst man unter der Bezeichnung ____________________ zusammen.

In dem folgenden Wortspeicher findest du die Lösungswörter.

Vor-, Fremdbauteile, Transportversicherung, Rabatte, Preisnachlässe, Kontenplan, Gemeinkosten für Handelswaren, Betriebs-, Betriebsstoffe, Hilfsstoffe, Geschäfts-, abgezogen, Kontenplan, Käufer, Bestandskonten, Bonus, Soll, Haben, Fertigungsunternehmen, Handelswaren, Rohstoffe, Unterkonten, Selbstkostenpreis, Einkauf, laufende Buchungen, Rückwärts-, Porto, 9, Unterkonten, Haben, Zieleinkaufspreis, Gewinn- und Verlustkonto, 10, Aufwands- …

Aufgabe 5

Richtig oder falsch?

Bei der Vorbereitung auf einen firmeninternen Test hat der Auszubildende Ludwig Erl eine Vielzahl von Aufgaben bearbeitet. Bei der Durchsicht der Lösungen findet der Ausbildungsleiter Karl Meier einige Fehler.

In den folgenden 20 Aussagen haben sich insgesamt 13 Fehler eingeschlichen, wobei auch in einem Beispiel mehrere Fehler enthalten sein können.

Welche Aussagen sind **richtig** und welche Aussagen enthalten **Fehler**? Notiere in deinem Heft die jeweils richtige Lösung!

1. Die Grunderwerbsteuer ist eine Bundessteuer. Die Höhe der Grunderwerbsteuer richtet sich nach dem Kaufpreis; der Steuersatz beträgt derzeit 3%. Sie ist eine aktivierungspflichtige Steuer.
2. Betriebliche Steuern (z. B. Kraftfahrzeugsteuer) sind Aufwendungen, die den Erfolg des Unternehmens beeinflussen.
3. Betriebliche Aufwendungen werden auf der Habenseite des GUV-Kontos abgeschlossen.
4. Aus Gründen der Übersichtlichkeit werden während des Geschäftsjahres Unterkonten geführt.
5. Das Unterkonto „Erlösberichtigungen Handelswaren" wird im Rahmen der Abschlussbuchungen auf das Hauptkonto 5100 UEHW abgeschlossen.
6. Der Bonus an einen Kunden für Fertigerzeugnisse wird auf der Sollseite des Kontos „5001 EBFE" erfasst. Die anteilige Umsatzsteuer wird im Haben berichtigt.
7. Die vier wichtigsten Steuerquellen des Staates waren im Jahr 2010 Umsatzsteuer, Lohnsteuer, Energiesteuer und Tabaksteuer.
8. Die Umsatzsteuer ist eine Verbrauchssteuer, da sie in der Regel der Unternehmer zu tragen hat.
9. Beim Verkauf von Fremdbauteilen fällt immer Vorsteuer an.
10. Der Zieleinkaufspreis ergibt sich nach Abzug des Liefererskontos. Man spricht auch von einem verminderten Grundwert.
11. Hilfsstoffe sind Nebenbestandteile eines Produkts.
12. Bei der „Just-in-time-Produktion" ist das Rohstofflager stets so gut gefüllt, dass auch bei einem längeren Streik der Zulieferer die Produktion aufrecht erhalten werden kann.
13. Beim Kauf von Werkstoffen fällt immer Vorsteuer an.
14. Bei Lieferung „frei Haus" trägt der Käufer die Versandkosten.
15. Die Rücksendung von fertigen Erzeugnissen durch den Kunden führt zu einer Korrektur der Einträge im Konto 4800 UST (Buchung auf der Habenseite).
16. Werkstoffe sind alle Güter, die bei der Herstellung eines Produktes verbraucht werden.
17. Mit einem Umsatzsteuersatz von 19% liegt Deutschland in der EU im oberen Mittelfeld der unten abgebildeten Statistik.

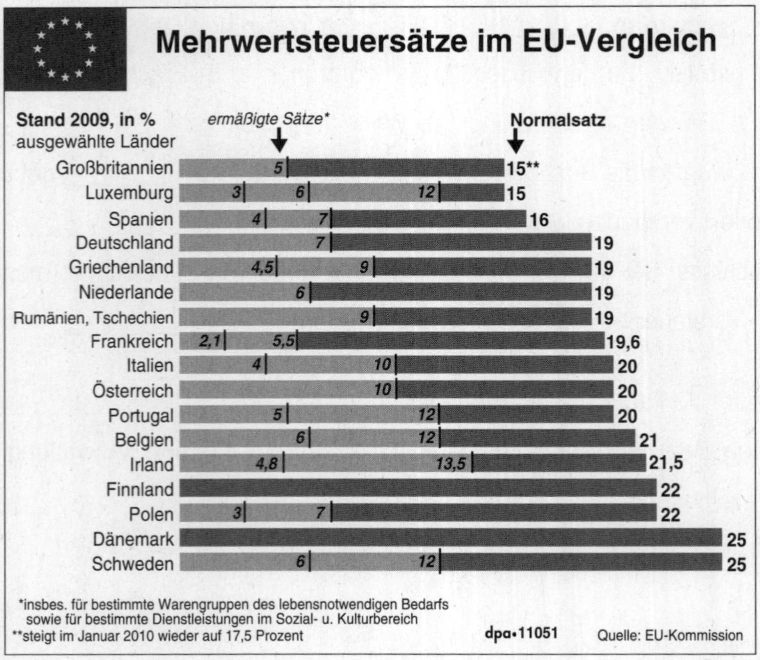

18. Auf jeder Wirtschaftsstufe (Handelsstufe) wird nur der Unterschiedsbetrag zwischen dem derzeitigen Warenwert und dem Produktwert der vorherigen Stufe (= Mehrwert oder Werterhöhung) besteuert.
19. Alle Kunden, die im Laufe eines Jahres eine bestimmte Menge von Produkten abnehmen, erhalten auf den Jahresumsatz einen Preisnachlass, der als Skonto bezeichnet wird.
20. Bei der Berechnung des Kalkulationsfaktors dividiert man den Einstandspreis durch den Verkaufspreis.

Lösung 5

Lösung 5 (Fortsetzung)

Aufgabe 6

Notiere, welche der folgenden Aussagen richtig oder falsch sind. Verbessere die falschen Aussagen.

	richtig	falsch
1. Sofortrabatte werden sofort gebucht.	?	?
2. Listeneinkaufspreis abzüglich Liefererrabatt = Bareinkaufspreis.	?	?
3. In Aufwands- und Ertragskonten werden immer Nettobeträge gebucht.	?	?
4. Den Abschluss des Kontos „3001 Privat (P)“ zählt man zu den laufenden Buchungen.	?	?
5. Die Vereinbarung „frei Haus“ bedeutet, dass der Käufer die Transportkosten trägt.	?	?
6. Rücksendungen von Rohstoffen vermindern den Aufwand und müssen im Haben des Kontos „6000 AWR“ gebucht werden.	?	?
7. Waren, die von fremden Firmen bezogen werden und nur leicht verändert weiterverkauft werden, nennt man Handelswaren.	?	?
8. Die Geschäftsbuchführung erfasst alle Vermögens- und Kapitalwerte eines Unternehmens.	?	?
9. Die Buchungen der Geschäftsfälle aufgrund der Belege während des Geschäftsjahres werden als laufende Buchungen bezeichnet.	?	?
10. Der Kontenrahmen ist nach dem dekadischen System (= Zehnersystem) aufgebaut. Das bedeutet, dass z. B. jede Kontenklasse zehn Konten enthält.	?	?
11. Der Kontenrahmen erleichtert zwischenbetriebliche Vergleiche.	?	?
12. Bei den Vorabschlussbuchungen werden z. B. die Unterkonten auf die Hauptkonten abgeschlossen.	?	?
13. Das Schlussbilanzkonto und die Schlussbilanz stimmen wertmäßig überein.	?	?
14. Die gespeicherten Daten in einem FIBU-Programm müssen jederzeit lesbar gemacht werden können.	?	?
15. Alle Buchführungsunterlagen müssen mindestens 5 Jahre geordnet aufbewahrt werden.	?	?

1 2 4 5 7 10 15

Lösung 6

1. Rücksendung Fertigerzeugnisse 6000,00 € netto
2. Abschluss Privatkontos 12.000,00 € → EK mehrt sich (Privateinlage)
3. Banküberweisung der Rohstoffe über 4.998,00 € abzüglich 3 % Skonto
4. Abschluss des Unterkontos 6032 NB 400,00 € Abschluss
5. Eröffnung des Kontos KBKV 45.000,00 €
6. Abschluss des Kontos GUV : Gewinn / Jahresüberschuss 33.500,00 €

Aufgabe 7

Buchungslesen

Formuliere zu den folgenden Buchungssätzen die Geschäftsfälle:

1.	5000 UEFE	6.000,00 €			
	4800 UST	1.140,00 €	an	2400 FO	7.140,00 €
2.	3001 P		an	3000 EK	12.000,00 €
3.	4400 VE	4.998,00 €	an	2800 BK	4.848,06 €
				6002 NR	126,00 €
				2600 VORST	23,94 €
4.	6032 NB		an	6030 AWB	400,00 €
5.	8000 EBK		an	4200 KBKV	45.000,00 €
6.	8020 GUV		an	3000 EK	33.500,00 €
7.	4800 UST		an	2800 BK	8.600,00 €
8.	6820 PUK	280,00 €			
	2600 VORST	53,20 €	an	2800 BK	333,20 €
9.	6770 RBK	800,00 €			
	2600 VORST	152,00 €	an	4400 VE	952,00 €
10.	2800 BK	1.309,00 €	an	5400 EMP	1.100,00 €
				4800 UST	209,00 €
11.	6930 VSF	2.400,00 €			
	2600 VORST	456,00 €	an	2800 BK	2.856,00 €

S EK H
– | +

12. 6011 BZKF	200,00 €			
2600 VORST	38,00 €	an	2880 KA	238,00 €
13. 6870 WER	140,00 €			
2600 VORST	26,60 €	an	4400 VE	166,60 €
14. 4200 KBKV		an	2800 BK	10.000,00 €
15. 2800 BK		an	3001 P	2.400,00 €

Lösung 7

Lösung 7 (Fortsetzung)

Aufgabe 8

Formuliere zu den Eintragungen im folgenden Vorkontierungsblatt die entsprechenden Geschäftsfälle:

Nr.	BA	Datum	Soll	Haben	BNR	Text	B/N/F	Betrag	UST
1.	EB	01-09-20..	0530	8000	1	–	---	420.000,00 €	---
...	EB	...	...	...	...	...	...	...	...
12.	B	06-09-20..	2800	2880	2	–	---	4.000,00 €	---
13.	B	07-09-20..	6000	4400	3	–	N	84.000,00 €	V19
14.	B	10-09-20..	4400	2800	4	–	---	5.220,00 €	---
15.	B	12-09-20..	2800	5400	5	–	B	166,60 €	U19
16.	B	14-09-20..	4400	6011	6	–	N	80,00 €	V19
17.	B	18-09-20..	6020	4400	7	–	B	714,00 €	V19
18.	B	20-09-20..	5001	2400	8	–	N	420,00 €	U19
19.	B	22-09-20..	4400	6000	9	–	B	2.380,00 €	V19
20.	B	23-09-20..	2400	5100	10	–	N	6.800,00 €	U19
21.	B	24-09-20..	6710	2800	11	–	B	1.666,00 €	V19
22.	B	25-09-20..	6800	2880	12	–	N	230,00 €	V19

Lösung 8

Lösung 8 (Fortsetzung)

Aufgabe 9

Erstelle eine Ausgangsrechnung (PC oder Hefteintrag) für das Unternehmen Stefanie Bauer für 20 Sonnenschirme zum Nettoverkaufspreis von 25,00 € je Stück mit allen erforderlichen Bestandteilen einer Rechnung.

Lösung 9

Lösung 9 (Fortsetzung)

Aufgabe 10

Entdecke die Fehler!

In den folgenden fünf Belegen sind einige Fehler enthalten. Der Ausbildungsleiter möchte von seinem Auszubildenden Ludwig Erl wissen, ob er innerhalb von 5 Minuten diese Fehler findet. Begib auch du dich auf die Fehlersuche.

Beleg 1:

HOLZHANDLUNG
ANTON WEIKL

Waldstraße 3 · 93413 Cham
Telefon: 09971 1462 · Telefax: 09971 4208
E-Mail: Weikl@d-online.xyz

HOLZHANDLUNG ANTON WEIKL E. KFM. · Waldstraße 3 · 93413 Cham

Firma
Stefanie Bauer
Lindenstraße 14–16
83024 Rosenheim

RECHNUNG

Seite:	1
Rechnungsnummer:	01404406
Datum:	27. Oktober 20..
Kundennummer:	5064
Bestellung:	01. November 20.. laut Fax

MENGE	ARTIKEL	EINZELPREIS	GESAMTPREIS
1 400 Stück	Eichenholzplatten, geleimt	12,50 Euro	17.500,00 Euro
		– 8% Rabatt	1.750,00 Euro
			15.750,00 Euro
		+ Fracht	250,00 Euro
		Nettobetrag	16.000,00 Euro
		+ 19% Umsatzsteuer	3.040,00 Euro
		Rechnungsbetrag	**19.040,00 Euro**

Die Ware wurde am 26. Oktober 20.. geliefert.

Zahlbar ohne Abzug innerhalb von 30 Tagen rein netto.
Bankverbindung: Handelsbank Cham · BLZ 750 500 30 · Kontonummer: 695446
Anton Weikl e. Kfm. · Cham HRA 1652 · USt-IdNr. DE146064688 · Steuer-Nr. 9211/233/40440

Lösung 10

Beleg 2:

HOLZHANDLUNG
ANTON WEIKL

Waldstraße 3 · 93413 Cham · Telefon: 09971 1462
Telefax: 09971 4208 · E-Mail: Weikl@d-online.xyz

HOLZHANDLUNG ANTON WEIKL E. KFM. · Waldstraße 3 · 93413 Cham

Firma
Stefanie Bauer
Lindenstraße 14–16
83024 Rosenheim

Cham, 10. September 20..

GUTSCHRIFT Nr.: 007

Für zu viel gelieferte Lärchenbretter schreiben wir Ihnen gut:

MENGE	ARTIKEL	EINZELPREIS	GESAMTPREIS
2 m^3	Lärchenholz	je 375,00 Euro	750,00 Euro
	+ 19% Umsatzsteuer		130,00 Euro
	Gutschrift		**880,00 Euro**

Bankverbindung: Handelsbank Cham · BLZ 750 500 30 · Kontonummer: 695446
Anton Weikl e. Kfm. · Cham HRA 1652 · USt-IdNr. DE146064688 · Steuer-Nr. 9211/233/40440

Lösung 10

Beleg 3:

CHIEMGAUWERKE AG

Hauptverwaltung
Prienstraße 33 · 83024 Rosenheim
Telefon
Allgemein: 08031 5001-0 · Rechnung: 08031 5001-555
Telefax: 08031 5001-500 · E-Mail: info@cwr.xyz
Geschäftszeit: Montag bis Freitag 8–16 Uhr

032//0013086//29//93059

CHIEMGAUWERKE AG · Prienstraße 33 · 83024 Rosenheim

Firma
Stefanie Bauer
Lindenstraße 14–16
83024 Rosenheim

GAS- UND STROMRECHNUNG

Datum
09. Oktober 20..

Kundennummer 4567 (bitte bei Rückfragen und Überweisung angeben)

Rechnung Nr. 77890

Abnahmestelle:
Firma Stefanie Bauer, Holzbau Rosenheim, Lindenstraße 14–16, 83024 Rosenheim

Sehr geehrte Damen und Herren,

für unsere Gas- und Stromlieferung in der Zeit vom 01. September 20.. bis 30. September 20.. berechnen wir:

(1)	Gaskosten nach Allgemeinem Tarif	2.800,00 EUR
(2)	Stromkosten nach Allgemeinem Tarif (Zähler-Nr. 1442174)	4.200,00 EUR
	Netto	8.000,00 EUR
	Umsatzsteuer 19%	1.520,00 EUR
	Rechnungsbetrag	**9.520,00 EUR**

Den Rechnungsbetrag werden wir am 25. Oktober 20.. zur Abbuchung vom Konto 471166, BLZ 711 511 00, bei der Gewerbebank Rosenheim einreichen.

Einzelheiten über die Abrechnung des Gas- und Stromverbrauches können Sie den nachfolgenden Seiten entnehmen.

Mit freundlichen Grüßen

CHIEMGAUWERKE AKTIENGESELLSCHAFT

Vorstand:
Dr. Klaus Lage (Vorsitzender)

Aufsichtsrat:
Dr. Ewald Koller (Vorsitzender)

Sitz der Gesellschaft und Registergericht:
Rosenheim HRB 21430

Bankverbindung:
Bayer. Überlandbank
BLZ 710 400 00 · Konto-Nr. 123456
Steuer-Nr. 9156/106/37528

Lösung 10

Beleg 4:

KUNTERBUNT KG
Oberländerstraße 56 • 84028 Landshut
Telefon: 0871 502120 • Fax: 0871 503210
Internet: http://www.kunterbunt.xyz
E-Mail: service@kunterbunt.xyz

KUNTERBUNT KG • Oberländerstraße 56 • 84028 Landshut

Stefanie Bauer
Lindenstraße 14–16
83024 Rosenheim

RECHNUNG
Rechnungs-Nr.: 0752
Datum: 21. September 20..
Lieferdatum: 21. September 20..
Kundennummer: 06075
Bestellung: 05. September 20.. (E-Mail)

RECHNUNG Nr.: 02842

ARTIKEL	MENGE	EINZELPREIS (EUR)	GESAMTPREIS (EUR)
Naturlack	140 Liter	8,80	1.232,00
			1.232,00
		– 10% Rabatt	123,20
		Warenwert, netto	1.108,80
		+ 19% Umsatzsteuer	210,67
		Rechnungsbetrag	**1.319,47**

Zahlungsbedingungen: 10 Tage 3% Skonto / 60 Tage rein netto.
Die Ware bleibt bis zur vollständigen Bezahlung Eigentum des Lieferanten.
Bankverbindung: Handelsbank Landshut • BLZ 754 720 20 • Kontonummer: 50615942
KUNTERBUNT KG • Amtsgericht Landshut HRA 6482 • USt-IdNr. DE406134545 • St.-Nr. 9132/137/20090
Geschäftsführer: Andreas Noll

Lösung 10

Beleg 5:

ÖKOPLAST Kunststoffgranulate GmbH
Schneewittchenstraße 7 • 95447 Bayreuth
Telefon: 0921 2018-0 • Telefax: 0921 2018-10
E-Mail: info@oekoplast.xyz

Ökoplast Kunststoffgranulate GmbH • Schneewittchenstr. 7 • 95447 Bayreuth

Firma
Stefanie Bauer
Lindenstraße 14–16
83024 Rosenheim

Rechnung
Rechnungsnummer: 24867
Datum: 14. September 20..
Lieferdatum: 12. September 20..
Kundennummer: 44444
Bestellung: 08. August 20..

Wir danken für Ihren Auftrag und liefern gemäß unseren „Allgemeinen Lieferungs- und Zahlungsbedingungen“:

Menge	Bezeichnung	Einzelpreis	Gesamtpreis
400	Kunststoffrollläden (Artikel-Nr. KG 2030)	20,50 Euro	8.800,00 Euro
			8.800,00 Euro
		+ Frachtkosten	200,00 Euro
			9.000,00 Euro
		+ Umsatzsteuer 19%	1.710,00 Euro
		Rechnungsbetrag	**10.710,00 Euro**

Zahlbar innerhalb von 30 Tagen ohne jeden Abzug.
Die Ware bleibt bis zur vollständigen Bezahlung unser Eigentum (§ 455 BGB).
Bankverbindung: Ökobank Bayreuth • BLZ 712 400 00 • Kontonummer: 3471
Geschäftsführerin: Petra Plaste • Registergericht Bayreuth HRB 1934 • USt-IdNr. DE821146001 • St.-Nr. 9208/157/01234

Lösung 10

Aufgabe 11

Vermischtes

Bilde bei den folgenden Geschäftsfällen die **Buchungssätze** und entscheide, ob es sich dabei um **Ausgaben, Aufwendungen, Einnahmen** bzw. **Erträge** handelt!

1.	Banküberweisung eines Kunden	5.000,00 €
2.	Banklastschrift für ein Werbeinserat, brutto	535,50 €
3.	Tilgung einer langfristigen Bankverbindlichkeit	8.000,00 €
4.	Zielverkauf von Fertigerzeugnissen, brutto	5.950,00 €
5.	Zielkauf von Rohstoffen, netto	1.200,00 €
6.	Banklastschrift: Kfz-Steuer für den Firmenlieferwagen	400,00 €
7.	Zielverkauf von Handelswaren, netto	640,00 €
8.	Bareinkauf von Kopierpapier, brutto	571,20 €
9.	Zieleinkauf von Betriebsstoffen, netto	820,00 €
10.	Banküberweisung der Einkommensteuer	3.820,00 €

Lösung 11

Aufgabe 12

Erkläre die nachfolgenden **Begriffe** möglichst kurz.

Werkstoffe, Rohstoffe, Hilfsstoffe, Betriebsstoffe, Fremdbauteile, Ertrag, Handelswaren, Bonus, Skonto, „Lieferung frei Haus“, Ausgabe, „Lieferung ab Werk“, Zieleinkaufspreis, Bareinkaufspreis, Einstandspreis, Listeneinkaufspreis, „Just-in-time“-Verfahren, Mengenrabatt, Einnahme, vermehrter Grundwert, Tabellenkalkulation, Treuerabatt, Sonderrabatt, Wiederverkäuferrabatt, Differenzkalkulation, Kontenklasse, Aufwand, Kalkulationsfaktor, Gemeinkosten für Handelswaren, Aufwand, Zahllast, Vorabschlussbuchung, betriebliche Steuer, Selbstkosten, Industriekontenrahmen, Umsatzsteueridentifikationsnummer, Kalkulationshilfen.

Lösung 12

Aufgabe 13

Auswertung von Schaubildern

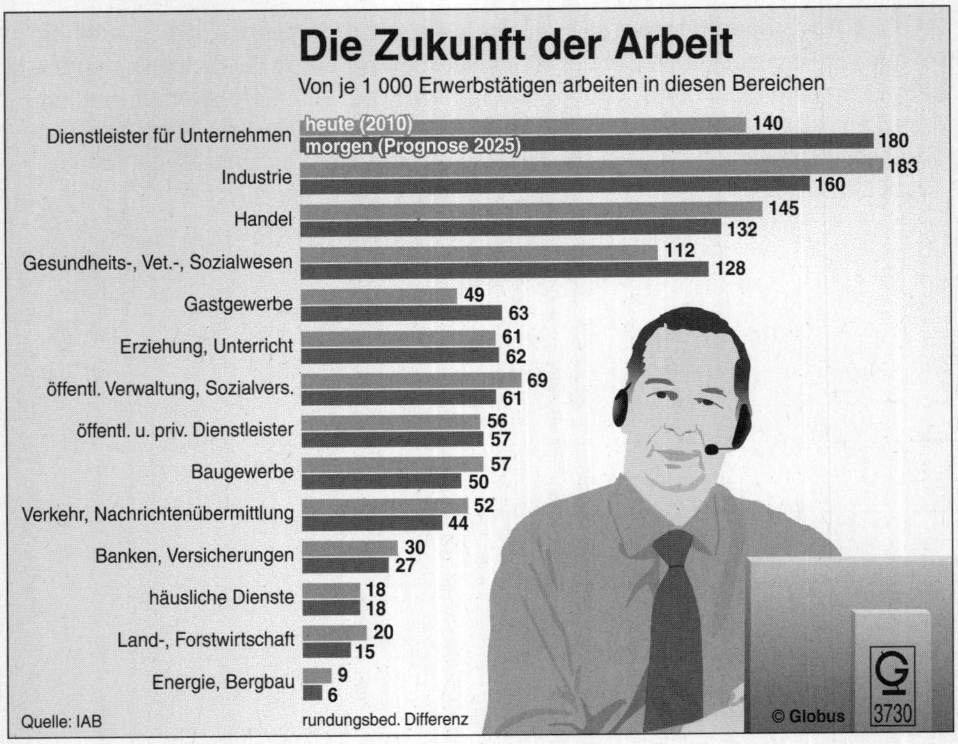

1. **Arbeitsplätze – heute und in der Zukunft**

1.1 Berechne den Anteil der Erwerbstätigen in Deutschland an der Gesamtbevölkerung in Prozenten im Jahr 2011, wenn nach Berechnungen des Statistischen Bundesamtes im Januar 2011 40,354 Millionen Personen der Gesamtbevölkerung von 81,7 Millionen Personen erwerbstätig waren.

1.2 In welchen Bereichen ist bis 2025 ein Rückgang der Beschäftigung zu verzeichnen? Suche nach Erklärungen für diesen Rückgang!

1.3 Nenne Beispiele für den Bereich „öffentliche und private Dienstleister" und versuche, den Anstieg der Erwerbstätigen in diesem Bereich zu erklären.

1.4 Die Dienstleistungen bestimmen vorrangig die Zukunft der Arbeit. Berechne den Anteil der Dienstleistungen an den Erwerbstätigen 2010 und 2025 (auf ganze Prozent gerundet) und versuche die Veränderungen zu erklären.

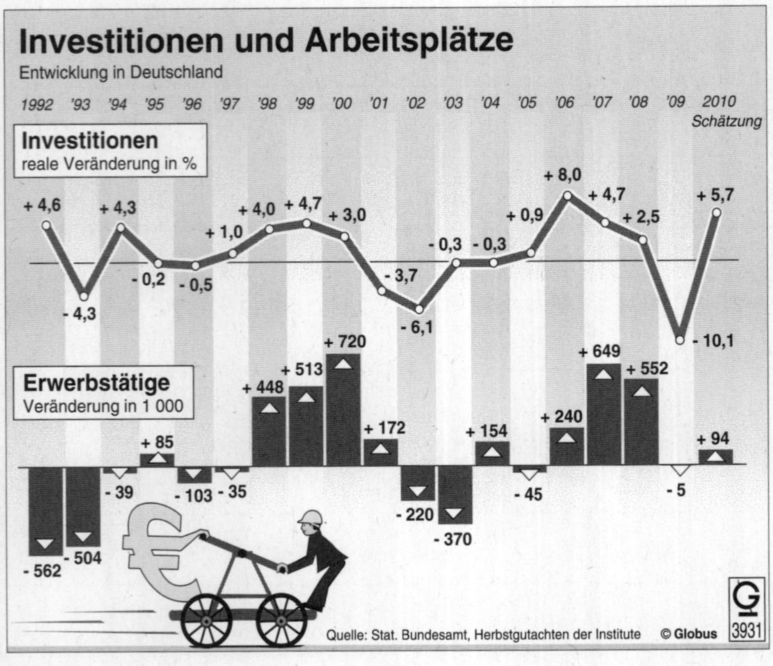

2. **Investitionen und Arbeitsplätze**

Die Investitionsneigung der Unternehmen wird durch ihre Gewinnerwartungen bestimmt. Stehen bei guter Konjunkturlage Gewinne in Aussicht, erweitern die Unternehmen ihre Kapazitäten und schaffen zusätzliche Arbeitsplätze.

Bei schlechter Konjunkturlage dagegen sparen die Unternehmen, die Investitionsneigung sinkt und Arbeitsplätze gehen verloren.

2.1 Wie viele Arbeitsplätze (Ergebnis auf eine Dezimalstelle gerundet) gingen während der schwachen Konjunktur von 1992 bis 1997 verloren?

2.2 Wie viele Arbeitsplätze konnten in den Abschnitten 1998 bis 2001 und 2006 bis 2008 jeweils wieder geschaffen werden (Ergebnisse auf eine Dezimalstelle gerundet)?

2.3 Wie haben sich Investitionen und Arbeitsplätze nach 2008 bis heute weiterentwickelt?

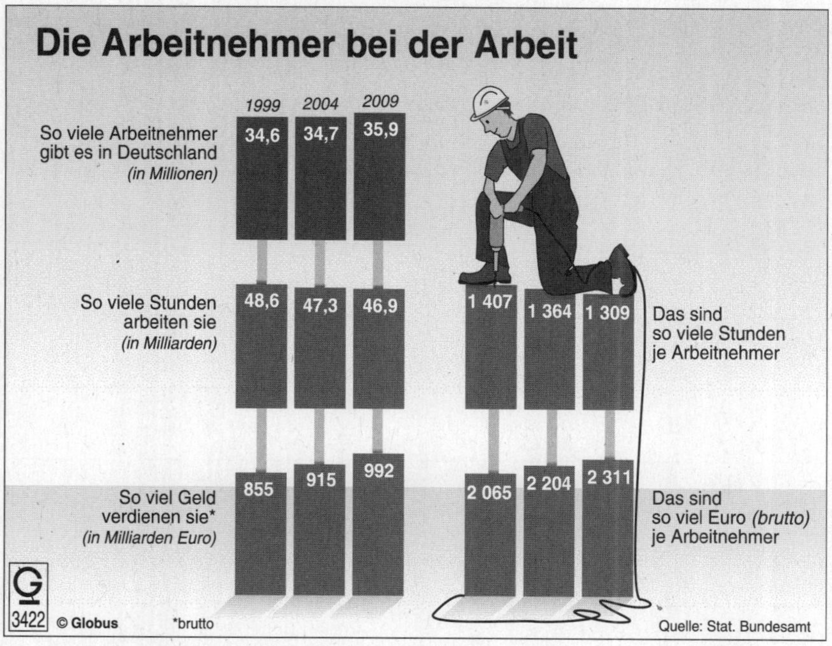

3. Arbeitszeit und Arbeitslohn

3.1 Berechne den Zuwachs beim Bruttoverdienst je Arbeitnehmer in Prozenten im Vergleichszeitraum 1999–2009.

3.2 Im gleichen Zeitraum ist die Arbeitszeit zurückgegangen. Worauf kann dieser Rückgang zurückgeführt werden?

3.3 Welche Folgen ergeben sich daraus z. B. für das Unternehmen Stefanie Bauer Holzbau Rosenheim?

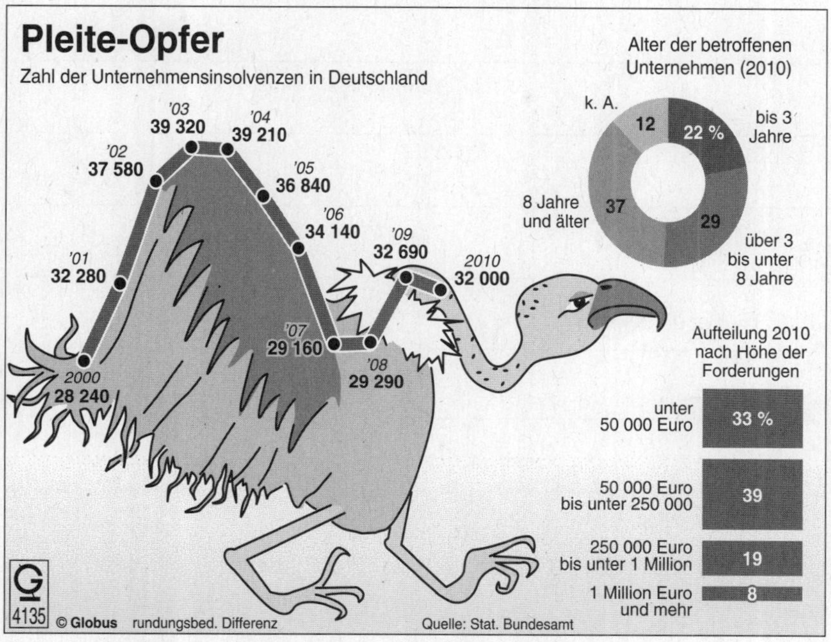

4. Pleiten-Deutschland

4.1 Berechne die Veränderung der Zahl der Unternehmensinsolvenzen in Deutschland von 2008 auf 2009 und von 2009 auf 2010 in Prozenten und beurteile die Ergebnisse.

4.2 Welche Anzeichen deuten auf Zahlungsschwierigkeiten eines Unternehmens hin?

4.3 Nenne fünf aktuelle Beispiele aus deinem Heimatraum.

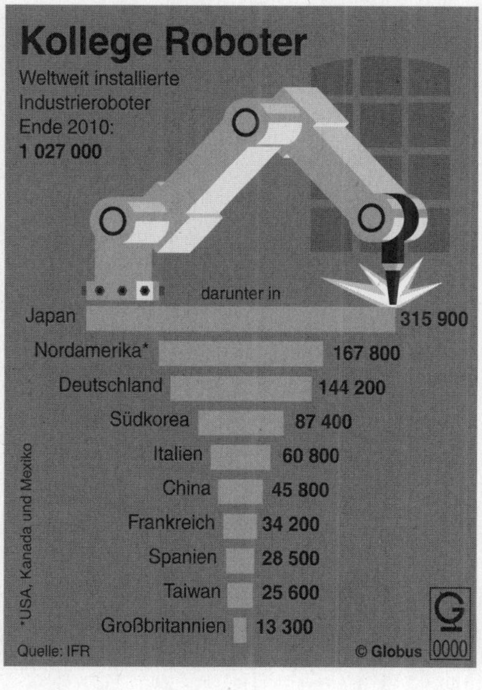

5. Kollege Roboter

5.1 In welchen drei Ländern ist die Anzahl der installierten Roboter am höchsten? Berechne die Anteile in Prozenten.

5.2 Nenne konkrete Einsatzmöglichkeiten für Roboter.

5.3 Suche im Internet mithilfe einer Suchmaschine nach deutschen Herstellern von Robotern.

5.4 Gib jeweils drei Vor- und Nachteile des Einsatzes von Robotern an.

Lösung 13

2 Möglichkeiten der Finanzierung und der Kapitalanlage

2.1 Finanzierungsmöglichkeiten im Vergleich

2.1.1 Kredit und Zinsen

Aufgabe 14

Welche Kreditart liegt vor? (Es sind auch mehrere Antworten möglich!)

1. Die Firma Bauer kauft Holz auf Ziel.
2. Frau Bauer nimmt auf ihrem privaten Bankkonto die Kreditlinie in Anspruch.
3. Die Firma Bauer nimmt zur Finanzierung einer neuen Absauganlage einen Kredit mit acht Jahren Laufzeit auf.
4. Die Firma Bauer nimmt einen Kredit auf, als Sicherheit dient eine Bürgschaft.
5. Die Firma Bauer nimmt einen Kredit zur Überbrückung eines finanziellen Engpasses auf.
6. Frau Bauer nimmt einen persönlichen Kredit ohne Stellung einer Sicherheit auf.

Lösung 14

Aufgabe 15

Vervollständige den nachfolgenden Lückentext!

Beim Lieferantenkredit gewährt der Lieferer dem ????? einen Kredit, indem er ihm ein ????? einräumt. Die Kreditkosten für den Lieferantenkredit sind keine Zinsen, sondern sie ergeben sich durch den ?????.

Lösung 15

Aufgabe 16

Entscheide, ob die nachfolgenden Antworten richtig (r) oder falsch (f) sind und formuliere die richtige Antwort!

Aussage	r	f
1. Verzugszinsen sind umsatzsteuerpflichtig.	?	?
2. Rechtlich gesehen ist jeder Kredit ein Darlehen.	?	?
3. Der Betriebsmittelkredit ist ein Konsumkredit.	?	?
4. Blankokredite sind ungesichert.	?	?
5. Langfristige Kredite haben laut Kontenplan eine Laufzeit bis zu 1 Jahr.	?	?
6. Kreditzinsen sind Habenzinsen.	?	?

7. Bearbeitungsgebühren gehören zu den Sollzinsen. ? ?
8. Schuldendienst bedeutet Tilgung und Zinszahlung. ? ?
9. Kosten für eine Restschuldversicherung sind Kreditkosten. ? ?
10. Der Investitionskredit ist ein Betriebsmittelkredit. ? ?
11. Privatkredite dienen der Finanzierung des Konsums. ? ?
12. Guthabenzinsen sind Habenzinsen. ? ?
13. Für den Lieferantenkredit werden Sollzinsen erhoben. ? ?
14. Beim Darlehen wird ein Kreditspielraum eingeräumt. ? ?
15. Zahlungsverzug hat Verzugszinsen zur Folge. ? ?
16. Im engeren Sinne sind Darlehen langfristige Kredite. ? ?

Lösung 16

2.1.2 Berechnungen im Kreditbereich

2.1.2.1 Übergang von der Prozent- auf die Zinsrechnung

Aufgabe 17

Die Summe der Tage beträgt:

1. 180 Tage
2. 350 Tage

Addiere die Tage zur Kontrolle.

1.	2.
31. 03.–26. 05. = ?	01. 01.–28. 02. = ?
26. 05.–01. 07. = ?	28. 02.–06. 05. = ?
01. 07.–31. 07. = ?	06. 05.–15. 10. = ?
31. 07.–19. 08. = ?	15. 10.–01. 11. = ?
19. 08.–27. 09. = ?	01. 11.–17. 12. = ?
180	350

Lösung 17

Aufgabe 18

Berechne die Zinsen für folgende Guthaben mit Anwendung der Zinsformel.

1. 3.260,00 € zu 6% p. a. in 240 Tagen
2. 12.700,00 € zu 7,5% p. a. in 96 Tagen
3. 844,00 € zu 4,75% p. a. in 170 Tagen
4. 5.760,80 € zu 5,5% p. a. in 119 Tagen
5. 5.212,00 € zu 8,25% p. a. in 150 Tagen
6. 2.855,00 € zu 3,8% p. a. in 330 Tagen
7. Löse die Teilaufgaben 1 bis 6 mithilfe eines Rechenblattes.

Lösung 18

Lösung 18 (Fortsetzung)

Aufgabe 19

Berechne die Zinsen für folgende kurzfristige Kredite mithilfe der Zinsformel.

1. 4.623,00 € zu 7% p. a., ausgeliehen vom 26. 05. bis 20. 06.
2. 11.000,00 € zu 12% p. a., ausgeliehen vom 26. 03. bis 28. 12.
3. 44.475,00 € zu 10,5% p. a., ausgeliehen vom 09. 09. bis 30. 11.
4. 36.880,00 € zu 11% p. a., ausgeliehen vom 02. 01. bis 16. 06.
5. Löse die Teilaufgaben 1–4 mithilfe eines Rechenblattes.

Lösung 19

Aufgabe 20

Wie hoch ist der Rückzahlungsbetrag für die folgenden kurzfristigen Kredite?

	Kredit	Aufnahme	Rückzahlung	Zinssatz
1.	82.880,00 €	11. 02.	29. 09.	8% p. a.
2.	7.775,00 €	01. 06.	31. 12.	6,25% p. a.
3.	25.266,00 €	27. 04.	12. 12.	9,5% p. a.
4.	9.000,00 €	16. 03.	30. 06.	7,75% p. a.
5.	12.250,00 €	10. 01.	30. 12.	10% p. a.

Lösung 20

Aufgabe 21

Berechne:

1.	2.
Mit **Kopfrechnung**! Jahreszinsen für 400,00 €, 1.500,00 €, zu 5%, 7%, 11% p. a.	Schriftlich, **ohne Taschenrechner**! Tageszinsen für 600,00 €, 2.200,00 €, zu 4%, 6%, 10% p. a. für die Zeit vom 01. 01. bis 02. 03.

Lösung 21

Aufgabe 22

Berechne die fehlenden Werte. Die Aufgaben können auch mithilfe eines Rechenblattes gelöst werden.

	Kapital	Zeit	Zinssatz p. a.	Zinsen
1.	€	146 Tage	3,5%	350,00 €
2.	7.373,00 €	Tage	3,75%	54,54 €
3.	9.490,00 €	104 Tage	%	175,76 €
4.	25.000,00 €	12. 05.–24. 07.	%	500,00 €
5.	9.125,00 €	Tage	6,25%	68,75 €
6.	€	02. 06.–31. 08.	9%	531,36 €
7.	59.860,00 €	Tage	11%	162,36 €
8.	69.569,00 €	10. 10.–05. 12.	%	800,52 €
9.	€	20. 02.–17. 12.	8%	528,00 €
10.	14.381,00 €	31. 01.– 28. 02.	12,5%	€

$Z = \frac{K \cdot p \cdot t}{100 \cdot 365}$

$K = \frac{Z \cdot 100 \cdot 365}{p \cdot t}$

$t = \frac{Z \cdot 100 \cdot 365}{K \cdot p}$

Lösung 22

1–3 selber, dann Tage!

(1) $K = \frac{Z \cdot 100 \cdot 365}{p \cdot t} = \frac{350 \cdot 100 \cdot 365}{3{,}5 \cdot 146} = 25.000$ €

(2) $t = \frac{Z \cdot 100 \cdot 365}{K \cdot p} = \frac{54{,}54 \cdot 100 \cdot 365}{3{,}75 \cdot 7373} = 72$ Tage

(3) $p = \frac{Z \cdot 100 \cdot 365}{K \cdot t} = \frac{175{,}76 \cdot 100 \cdot 365}{9490 \cdot 104} = 6{,}5\%$

(4) 12.05 – 24.07 : Mai (31-12) Juni Juli
19 + 30 + 24 = 73 Tage

p =

(5) $t = \frac{Z \cdot 100 \cdot 365}{K \cdot p} = \frac{68{,}75 \cdot 100 \cdot 365}{9.125 \cdot 6{,}25} = 44$

Lösung 22 (Fortsetzung)

Aufgabe 23

Ein Kunde schuldet einem Lieferanten 48.990,00 €, fällig am 17. Januar. Er bittet um Zahlungsaufschub bis 31. März. Der Lieferant stimmt zu und verlangt vom Kunden 7% p. a. Verzugszinsen. Auf welchen Betrag lautet die gesamte Schuld? Rechne zusätzlich im Kopf („überschlagsweise") mit einem gerundeten Kapital von 50.000,00 €.

Lösung 23

Aufgabe 24

Es wurde ein Kredit von 12.400,00 € aufgenommen und nach 292 Tagen einschließlich Zinsen mit 13.020,00 € zurückgezahlt. Berechne den verwendeten Zinssatz.

Lösung 24

Aufgabe 25

Wie lange kann ein Kredit von 6.351,00 € aufgenommen werden, wenn für 7,5% p. a. Zinsen 261,00 € zur Verfügung stehen?

Lösung 25

Aufgabe 26

Auf eine Rechnung über 1.752,00 € wurden vom Lieferer für 10% p. a. Verzugszinsen 24,00 € aufgeschlagen. Um wie viele Tage wurde die Zahlung verzögert?

Lösung 26

Aufgabe 27

Da eine am 23. 04. fällige Rechnung über 15.330,00 € erst am 30. 06. beglichen werden konnte, müssen 6,5% p. a. Verzugszinsen gezahlt werden.
Welcher Gesamtbetrag wurde am 30. 06. überwiesen?

Lösung 27

Aufgabe 28

Ein Bankkunde hat einen Kredit von 13.505,00 € zu 10,5% p. a. Zinsen aufgenommen. Nach Herabsetzen des Zinssatzes spart er in 180 Tagen 99,90 € an Zinsen.

Wie hoch ist der neue Zinssatz?

Lösung 28

Aufgabe 29

Ein Kreditnehmer nahm einen Bankkredit in Höhe von 26.000,00 € das ganze Jahr in Anspruch. Der Zinssatz betrug bis zum 31. 03. 11% p. a., dann 10,5% p. a. und ab 10. 10. 9% p. a. Mit wie viel € Zinsen wird der Kreditnehmer von seiner Bank belastet?

Lösung 29

Lösung 29 (Fortsetzung)

Aufgabe 30

Ein Anleger bringt am 15. 01. 12.000,00 € zur Bank. Er will das Geld erst dann wieder abheben, wenn es einschließlich 6% p. a. Zinsen auf 12.432,00 € angewachsen ist.

Bis zu welchem Datum ist das der Fall?

Lösung 30

Aufgabe 31

Eine Unternehmerin nahm zur Finanzierung einer Computeranlage zum 31. 03. einen Bankkredit von 33.150,00 € zu einem Zinssatz von 8,5% p. a. auf. Sie hat die Schuld in drei gleichen Raten zu tilgen, zahlbar nach jeweils einem Vierteljahr. Die Rückzahlung erhöht sich jeweils um die Zinsen für das abgelaufene Vierteljahr.

Zu berechnen sind die drei Rückzahlungsraten einschließlich Zinsen.

Lösung 31

Aufgabe 32

Wie beurteilst du nachfolgende Zeitungsanzeige? (Rechnerische Begründung)

Suche
10.000,00 €
für 7 Monate
zahle **20.000,00 €**
zurück
Zuschriften erbeten unter ...

Lösung 32

2.1.2.2 Relativer Zinssatz

Aufgabe 33

Berechne den relativen Zinssatz.

1. 6% in 146 Tagen
2. 3% in 219 Tagen
3. 7,5% in 73 Tagen
4. 9% in 48 Tagen
5. 5% in 300 Tagen
6. 6,25% in 108 Tagen
7. 7,5% in 80 Tagen
8. 12% in 40 Tagen

Lösung 33

Aufgabe 34

Berechne den Jahreszinssatz.

	Relativer Zinssatz	Zeitraum
1.	3,8%	146 Tage
2.	2,2%	27. 02.–11. 05.
3.	1,3698%	100 Tage
4.	0,3184%	31. 03.–01. 05.

Lösung 34

Aufgabe 35

Ein Kunde hat das Zahlungsziel einer Rechnung um 73 Tage überschritten. Der Lieferer verlangt 9% p. a. Verzugszinsen. Der Kunde überweist zum Ausgleich der gesamten Verbindlichkeiten 2.545,00 €. Ermittle zur Überprüfung den Rechnungsbetrag.

Lösung 35

Lösung 35 (Fortsetzung)

Aufgabe 36

Berechne die Höhe der ausgezahlten Kredite nach folgenden Angaben:

	Rückzahlung (Kredit + Zinsen)	Laufzeit	Zinssatz (p. a.)
1.	3.379,95 €	18. 04. bis 30. 06.	7,5%
2.	24.320,86 €	20. 03. bis 20. 05.	8%
3.	12.543,68 €	15. 06. bis 03. 10.	12,5%

Lösung 36

Aufgabe 37

Ein Kredit wird vom 15. 05. bis zum 31. 07. zu 9% aufgenommen und einschließlich der Zinsen mit 14.673,40 € zurückgezahlt.
Berechne die Kreditsumme und die Zinsen mithilfe eines Rechenblattes.

Lösung 37

Aufgabe 38

Ergänze die nachfolgende Abrechnung.

Kredit	€	%
+ Zinsen 10%/ ___ Tage	€	%
Rückzahlung	1.504,50 €	102%

Lösung 38

Aufgabe 39

Ein Unternehmen benötigt 18.000,00 € für 120 Tage. Die Bank gewährt einen Kredit und stellt den genannten Betrag nach Vorabzug von 10% p. a. Zinsen auf dem Bankkonto bereit. Wie hoch sind die Kreditsumme und die dafür gezahlten Zinsen?

Lösung 39

Aufgabe 40

Berechne die Höhe der gewährten Kredite, wenn nach Vorabzug der Zinsen die genannten Beträge ausgezahlt werden:

	Auszahlung (Kredit abzüglich Zinsen)	Laufzeit	Zinssatz (p. a.)
1.	10.648,00 €	10. 05. bis 03. 10.	8%
2.	4.196,80 €	06. 04. bis 18. 06.	12%
3.	21.170,00 €	20. 02. bis 27. 09.	9,75%

Lösung 40

Aufgabe 41

Ein Kredit (Laufzeit 330 Tage) wird zu 12,5% p. a. verzinst. Die Bank kürzt den Auszahlungsbetrag um die angefallenen Kosten und zahlt den abgezinsten Kredit mit 7.450,80 € aus. Berechne die Kreditsumme mithilfe eines Rechenblattes. Überschlage den Auszahlungsbetrag, ausgehend von 12,5% Jahreszinsen von 8.000,00 €.

Lösung 41

Aufgabe 42

Ergänze die nachfolgende Abrechnung.

Kredit	€	%
– Zinsen 9%/292 Tage	€	%
– Bearbeitungsgebühr	€	1%
Auszahlung	11.475,00 €	%

Lösung 42

2.1.2.3 Effektive Verzinsung

Aufgabe 43

Einem Unternehmer liegen folgende Angebote für einen Kredit über 80.000,00 € vor:

Bank	Zinssatz (p. a.)	Bearbeitungsgebühr
A	5,75%	2%
B	6,25%	1%
C	7%	200,00 €

Berechne jeweils die tatsächliche Belastung in € und die effektive Verzinsung bei einer Laufzeit von 292 Tagen. Welches Angebot ist am günstigsten?

Lösung 43

Lösung 43 (Fortsetzung)

Aufgabe 44

Ein Kredit über 75.000,00 € wird von der Bank zu folgenden Bedingungen angeboten: Bearbeitungsgebühr 1%, Zinssatz 7,5% p. a., Laufzeit 300 Tage.

Ist der von der Bank angegebene effektive Zinssatz von 8,8% p. a. richtig?

Lösung 44

Aufgabe 45

Ein Kreditvermittler bietet einen Kredit in Höhe von 42.000,00 € für 330 Tage zu 9,75% Zinsen p. a. an. Die Bearbeitungsgebühr von 2% sowie 4% Vermittlungsprovision will er bei der Auszahlung einbehalten.

Das vergleichbare Angebot der Sparkasse lautet auf einen effektiven Zinssatz von 11,2%. Wähle das günstigere Angebot nach rechnerischer Begründung.

Lösung 45

Aufgabe 46

Ein Kredit über 50.000,00 € mit einer Laufzeit von 292 Tagen und einem Zinssatz von 5,25% p. a. ist in einem Angebot mit einer effektiven Verzinsung von 7,75% p. a. angegeben.

Wie hoch (in %) ist die Bearbeitungsgebühr (sie wurde vorab bezahlt), die diesem Angebot zugrunde liegt?

Lösung 46

2.1.3 Verschiedene Angebote von Kreditgebern überprüfen

2.1.3.1 Bankkredite

Aufgabe 47

Entscheide, ob nachfolgende Aussagen zum Kontokorrentkredit richtig (r) oder falsch (f) sind.

	Aussage	r	f
1.	Der Kontokorrentkredit ist zur Überbrückung kurzfristiger Liquiditätsengpässe geeignet.	?	?
2.	Die Sollzinsen sind beim Kontokorrentkredit sehr niedrig.	?	?
3.	Das Kontokorrentlimit darf keinesfalls überschritten werden.	?	?
4.	Der Kontokorrentkredit wird in gleich hohen Raten getilgt.	?	?
5.	Der Kontokorrentkredit ist ein Geldkredit.	?	?
6.	Die eingeräumte Kreditlinie beim Kontokorrentkredit kann ganz oder teilweise ohne weitere Absprachen in Anspruch genommen werden.	?	?
7.	Zur Aufnahme eines Kontokorrentkredits muss ein Kreditvertrag vorliegen.	?	?

Lösung 47

Aufgabe 48

1. Welche Kreditkosten können bei einem Kontokorrentkredit anfallen?
2. Informiere dich über die aktuellen Kreditkonditionen bei verschiedenen Banken bzw. über das Internet.

Lösung 48

Aufgabe 49

Ein Unternehmer hat bei seiner Bank einen Überbrückungskredit von 17.700,00 € für die Zeit vom 06. 05. bis 30. 06. aufgenommen. Die Bank berechnet 10,5% p. a. Zinsen, 0,25% Bearbeitungsgebühr vom Kreditbetrag und 8,00 € Spesen.

1. Berechne die gesamten Kreditkosten.
2. Stelle fest, ob es kostengünstiger gewesen wäre, wenn der Unternehmer für diesen Kredit das Kontokorrentkonto überzogen hätte. Dieses Konto war am 06. 05. mit 900,00 € im Soll. Die Bank berechnet 11% Sollzinsen und 4% Überziehungszinsen vom Kreditbetrag, der die Kreditlinie von 15.000,00 € übersteigt.

Lösung 49

Lösung 49 (Fortsetzung)

Aufgabe 50

Ermittle Soll-, Haben- und Überziehungszinsen und den Saldovortrag zum 31. 05. Kreditlinie 50.000,00 €, Sollzinsen 8,75% p. a., Habenzinsen 0,5% p. a., Überziehungszinsen 4,5% p. a.

Konto-Nr.	Wert	Geschäftsvorgang	Soll	Haben
873456	30. 04.	Saldovortrag		2.000,00 €
873456	08. 05.	Überweisung	55.000,00 €	
873456	19. 05.	Einzahlung		3.000,00 €
873456	31. 05.	Sollzinsen		–
873456	31. 05.	Habenzinsen	–	
873456	31. 05.	Überziehungszinsen		–
873456	31. 05.	Saldovortrag		–

Lösung 50

Aufgabe 51

Aus der Homepage einer Bank unter dem Link Kontokorrentkredit:

Sie möchten Ihre Betriebsmittel kostengünstig finanzieren? Nutzen Sie hierzu unseren **Kontokorrentkredit!**

Mit einer Kreditlinie auf Ihrem Geschäftsgirokonto steht Ihrem Unternehmen die Liquidität zur Verfügung, die Sie täglich benötigen – beispielsweise aufgrund verzögerter Zahlungseingänge Ihrer Kunden oder um spontan günstige Angebote Ihrer Lieferanten wahrnehmen zu können.

Nutzen Sie die Skontovorteile, die Ihnen Zulieferer gewähren und bieten Sie Ihren Abnehmern einen zusätzlichen Kaufanreiz durch die Gewährung eines Zahlungsziels.

Die Vorteile für Ihr Unternehmen im Überblick:

- **Erweiterung Ihres Liquiditätsspielraumes**
- **flexible Inanspruchnahme**
- **Sie sind Skontozahler bei Ihren Lieferanten**
- **Reserve- und Vorsorgemöglichkeit**

Ein Kontokorrentkredit ist für Ihr Unternehmen die ideale Liquiditätsreserve, wenn es um die Finanzierung von Betriebsmitteln, die Überbrückung von Saisonbedarf oder die Vor- und Zwischenfinanzierung langfristiger Kredite sowie Zuschüsse öffentlicher Stellen geht.

Wir möchten Ihre Anfrage gerne schnell und kompetent beantworten.
Dazu bedarf es u. a. auch der Einsichtnahme in die wirtschaftlichen Verhältnisse Ihres Unternehmens. Selbstverständlich werden die Daten von uns streng vertraulich behandelt.

Bitte lassen Sie uns folgende Unterlagen zukommen:

- **neuester Handelsregisterauszug bzw. Gewerbeanmeldung**
- **kurze Firmendarstellung oder Hinweise, wo wir Sie konkret im Internet finden können**
- **Jahresabschlussunterlagen der letzten drei Geschäftsjahre**
- **vorläufige Zahlen zum laufenden Geschäftsjahr, z. B. betriebswirtschaftliche Auswertung mit Summen- und Saldenlisten**
- **Planungsdaten zum laufenden bzw. kommenden Geschäftsjahr als Umsatz-/Ertragsvorschau**

Beantworte auf der Grundlage des vorliegenden Textes folgende Fragen:

1. Mit welchen Argumenten wirbt die Bank für Kontokorrentkredite?
2. Was meint die Bank mit Skontovorteil bzw. Liquiditätsreserve?
3. Warum fordert die Bank Unterlagen der Unternehmer?
4. Welche Informationen erhält die Bank aus den geforderten Unterlagen?

Lösung 51

Lösung 51 (Fortsetzung)

Aufgabe 52

Ergänze den nachfolgenden Lückentext.

Der Dispositionskredit, auch kurz als ?????kredit bezeichnet, ist ein Kontokorrentkredit an ?????. Dem Kreditnehmer wird dabei auf seinem ?????konto ein Kreditrahmen eingeräumt, in der Regel bis zu ?????.

Lösung 52

Aufgabe 53

Ein Arbeitnehmer hat die Absicht, am 31. 03. einen Dispo-Kredit bei seiner A-Bank in Höhe von 2.500,00 € bis 30. 06. bei 14% Verzinsung in Anspruch zu nehmen. Eine Kollegin behauptet: „Da gehst du besser zur B-Bank. Die verlangt für einen persönlichen Kleinkredit nur 8% Zinsen und 2% Bearbeitungsgebühr."

Vergleiche die beiden Möglichkeiten rechnerisch.

Lösung 53

Aufgabe 54

Eine Bank wirbt wie folgt:

Finanzierungen – Dispositionskredit

Kredit auf Ihrem Privatkonto.
Jederzeitige Inanspruchnahme bis zur vereinbarten Höhe möglich.
Zinsen zahlen Sie nur für den in Anspruch genommenen Betrag.

Beispiel:
Kreditspielraum 3.000,00 Euro – Zinssatz 13% p. a.
Zinsen für 10 Tage Kontoüberziehung

Bei 500,00 Euro	1,78 Euro
Bei 1.000,00 Euro	3,56 Euro
Bei 3.000,00 Euro	10,68 Euro

Überprüfe die Angaben!

Lösung 54

Aufgabe 55

Ein Dispositionskredit wird zu nachfolgenden Bedingungen abgerechnet: Eingeräumter Dispo-Kredit 2.000,00 €; Sollzinsen 13,25%; Habenzinsen 0,5%; Zinssatz für Überziehung 4%; Gebühren 5,00 €.

Ermittle Soll-, Haben- und Überziehungszinsen und den Saldovortrag zum 31. 07. ..

Wert	Geschäftsvorgang	Betrag
30. 06.	Saldovortrag	**–1.450,00 €**
02. 07.	Gehaltsgutschrift	2.250,00 €
03. 07.	Barabhebung	1.600,00 €
08. 07.	Überweisungsauftrag	1.400,00 €
17. 07.	Scheckeinreichung	750,00 €
28. 07.	Einzahlung	1.700,00 €

Lösung 55

Aufgabe 56

Darlehen sind mittel- und langfristige Kredite.

1. Welche drei Typen von Darlehen gibt es? Beschreibe die Unterschiede im Hinblick auf Zinszahlung und Tilgung.
2. Berechne die Summe der Zinsen und der Tilgung für die drei Typen bei einem Darlehen über 400.000,00 € mit einer Laufzeit von 4 Jahren und einem Zinssatz von 8%.

Lösung 56

Aufgabe 57

Erstelle für die Abzahlungsdarlehen A und B Tilgungspläne, Tilgung in gleichen Jahresraten.

	Darlehen	Laufzeit	Zinsen
A	30.000,00 €	4 Jahre	8,5%
B	73.500,00 €	7 Jahre	7%

Lösung 57

Aufgabe 58

Ein Darlehen über 100.000,00 € wird jährlich mit 10.000,00 € getilgt und mit 8% verzinst.

1. Erstelle ein Rechenblatt für den Tilgungsplan.
2. Stelle die jährlichen Zinsen und die restliche Darlehenshöhe grafisch dar.

Lösung 58

Aufgabe 59

Vergleichen lohnt sich! Die gesamten Kreditkosten für einen Ratenkredit über 5.000,00 €, Laufzeit 12 Monate, sind für jeden der drei Anbieter zu ermitteln. Nutze dazu Ratenkreditrechner aus dem Internet. Beurteile die Ergebnisse.

Hinweis:

Eine direkte Berechnung mit finanzmathematischen Programmen ist nach dem Lehrplan nicht vorgesehen. Entgegen dem Lehrplan rechnen Kreditanbieter immer noch mit 360 Tagen und erhöhen den Kreditbetrag um die Bearbeitungsgebühren.

Beispiel: Kredit 5.000,00 €, Auszahlungsbetrag (Nettokredit) 5.000,00 €, Bearbeitungsgebühr 1% = 50,00 €, Kreditbetrag (Nennbetrag) 5.050,00 €. Je nach eingesetztem Kreditrechner sind unterschiedliche Lösungen möglich.

Bitte diesen Hinweis bei allen Aufgaben mit Kreditrechnern aus dem Internet beachten!

Kreditgeber	Bank	Teilzahlungsbank	Kreditvermittler
Ratenkredit	5.000,00 €	5.000,00 €	5.000,00 €
Zinssatz (p. a.)	8%	2%	0,45%
Bearbeitungsgebühr	keine	3%	3%
Vermittlungsgebühr	keine	keine	2%

Lösung 59

Aufgabe 60

Ein Mitarbeiter im Unternehmen Stefanie Bauer hat ein Allzweckdarlehen zur Teilfinanzierung eines Autos über 12.000,00 € zu 6,5% aufgenommen. Laufzeit 8 Jahre und Rate 1.970,85 € jährlich.

1. Erstelle in einer Tabellenkalkulation einen Tilgungsplan.
2. Vergleiche Deine Tabellenkalkulation mit einem Tilgungsplan eines Kreditrechners für Ratenkredite aus dem Internet.
3. Beantworte folgende Fragen.

3.1 Nach welcher Zeit ist der Kredit zurückgezahlt?

3.2 Wie hoch war die letzte Tilgung?

3.3 Wie teuer war der Kredit?

3.4 Wie verändern sich Tilgung und Zinsen während der Laufzeit des Kredits?

Lösung 60

Aufgabe 61

Ein Arbeitnehmer will den Kauf eines Gebrauchtwagens mit einem Kredit von 8.000,00 € finanzieren. Er hat dazu zwei Möglichkeiten:

A	Dispositionskredit seiner Hausbank auf seinem Girokonto (Gehaltskonto), Sollzinsen 11% und Kreditlinie 9.000,00 €
B	Ratenkredit bei seiner Hausbank (siehe Computerausdruck) mit einer Laufzeit von 36 Monaten

	Ergebnis Ratenkreditberechnung
Auszahlung am 30. 09. 20..	8.000,00 €
Zinsen 6,5%	826,91 €
Bearbeitungsgebühren 2%	160,00 €
Kreditkosten	986,91 €
Effektiver Zinssatz	8,156%
Monatliche Rate	245,19 €

1. Welche Vorteile/Nachteile siehst Du für den
   - Dispositionskredit?
   - Ratenkredit?
2. Welche Kreditart ist günstiger?

Lösung 61

Aufgabe 62

Kläre mithilfe des Internets auf der Grundlage der aktuellen Bestimmungen des Verbraucherkreditgesetzes nachfolgende Fragen:

1. Welche wesentlichen Bestimmungen muss ein Kreditvertrag enthalten?
2. Gibt es im Kreditvertrag ein Widerrufsrecht?

Lösung 62

2.1.3.2 Bankabrechnungen auswerten

Aufgabe 63

Darlehensbetrag	8.160,00 EUR	Nominalzins	12,22%
Zahlungsweise	monatlich	Zinsbindung	3 Jahre
Tilgungsverrechnung	monatlich	Auszahlungstermin	01. 05. 2011
Zahlungsmodus	Monatsende	Tilgungsbeginn	01. 05. 2011
Effektivzins	14,22%	Zinsbindung Ende	29. 04. 2014
		Annuität	271,93 EUR
		Restschuld	0,00 EUR
		Summe Zinsen	1.629,48 EUR

1. Wie hoch ist die Summe der Tilgung?
2. Warum ist der Effektivzins höher als der Nominalzins?

Lösung 63

Aufgabe 64

Kreditbetrag	30.000,00 €
+ Bearbeitungsgebühren der Bank	€
+ Vermittlungsgebühr	0,00 €
+ Auslagenersatz	0,00 €
+ Kontoführungsgebühren	0,00 €
Kreditnennbetrag	30.900,00 €
Kreditlaufzeit	48 Monate
Nominalzinssatz	5,92%
Effektivzinssatz	7,7%
Monatliche Rate	€
Gesamtzahlungen	34.777,94 €
davon Zinsen	3.877,94 €

1. Wie viel Prozent beträgt die Bearbeitungsgebühr?
2. Wie hoch (€) ist die monatliche Rate?
3. Um welche Kreditart handelt es sich? Begründe deine Entscheidung.

Lösung 64

2.1.3.3 Lieferantenkredite

Aufgabe 65

Eine Eingangsrechnung (Handelswaren) über 23.800,00 € einschl. 19% USt. enthält folgende Zahlungsbedingungen: Zahlung innerhalb 8 Tagen abzüglich 2% Skonto oder in 30 Tagen ohne Abzug. Um den Skonto ausnützen zu können, müsste der Zahler sein Bankkonto überziehen und dafür 14,5% p. a. Zinsen zahlen.

1. Welcher Betrag ist nach Abzug von Skonto zu zahlen?
2. Um wie viele Tage müsste dieser verminderte Betrag früher gezahlt werden?
3. Vergleiche Skontoertrag und Kreditkosten. Welcher Kredit ist günstiger?
4. Buche die Zahlung abzüglich Skonto per Banküberweisung.

Lösung 65

Aufgabe 66

Prüfe rechnerisch, ob es in den folgenden drei Fällen lohnend ist, zum Ausnutzen des Skontos einen Bankkredit aufzunehmen.

Ermittle dazu in jedem Fall
1. den Überweisungsbetrag bei Skontoabzug
2. die Kreditkosten
3. den Finanzierungsgewinn in €.

Rechnungsbetrag	Zahlungsbedingungen	Kreditkosten
A: 125.000,00 €	Zahlungsziel 90 Tage oder 2,5% Skonto bei Zahlung innerhalb von 14 Tagen	14,75% p. a.
B: 6.880,00 €	Zahlung ohne Abzug in 30 Tagen oder abzüglich 3% Skonto bei Lieferung	9% p. a. + 1% Gebühren
C: 14.600,00 €	60 Tage Zahlungsziel oder 2% Skonto bei Zahlung innerhalb von 8 Tagen	10,25% p. a.

Lösung 66

Aufgabe 67

Eingang einer Rohstoff-Rechnung über 7.140,00 € (einschl. 19% USt.), ausgestellt am 15. 01. Sie trägt den Vermerk: Zahlbar am 15. 03. ohne Abzug oder innerhalb 14 Tagen abzüglich 2,5% Skonto. Bei Überschreiten des Zahlungszieles werden 11% Verzugszinsen und 20,00 € Bearbeitungsgebühr berechnet.

1. Bilde den Buchungssatz für die Eingangsrechnung.
2. Welcher Betrag müsste am 29. Januar zum Ausgleich der Rechnung überwiesen werden?
3. Ausreichende flüssige Mittel stehen erst am 31. Mai zur Verfügung. Welcher Betrag wäre an diesem Tag zu zahlen?
4. Ist es ratsam, für die Zeit vom 29. Januar bis 31. Mai das Bankkonto bei 12,5% Kreditzinsen zu überziehen, um den Skonto zu erhalten?

Lösung 67

Aufgabe 68

Zieleinkauf von Rohstoffen für 4.500,00 € + 19% USt. Rechnungsdatum 20. 04.

1. Bilde den Buchungssatz für die Eingangsrechnung.
2. Die Rechnung enthält folgende Zahlungsbedingungen: Zahlung fällig am 20. 06. ohne Abzug oder 3% Skonto bei Zahlung innerhalb von 8 Tagen. Bei Zahlungsverzug werden 7,5% Verzugszinsen berechnet. Welcher Betrag ist am 31. 07. zu zahlen?
3. Welche Ersparnis hätte sich ergeben, wenn vom 28. 04. bis 31. 07. ein Bankkredit zu 11% p. a. aufgenommen worden wäre, um den Skonto in Anspruch nehmen zu können?

Lösung 68

Aufgabe 69

Das Unternehmen Stefanie Bauer muss aufgrund der angespannten Finanzsituation bei einer Lieferung einen Lieferantenkredit in Anspruch nehmen. Es liegen bei einem Rechnungsbetrag von 35.700,00 € zwei Angebote mit folgenden Bedingungen vor:

Lieferant	Skonto (%)	Zahlungsziel	Skonto-Frist
A	3,00	30	10
B	2,00	21	8

Für welches Angebot (rechnerische Begründung) sollte sich Frau Bauer entscheiden?

Lösung 69

2.1.4 Buchungen im Kreditbereich

2.1.4.1 Kreditaufnahme

2.1.4.2 Schuldendienst

Aufgabe 70

Bilde Buchungssätze (19% USt.)

1.	Ein Hypothekarkredit wird dem Bankkonto gutgeschrieben	280.000,00 €
2.	Zinsgutschrift der Bank	140,00 €
3.	Belastung des Kunden mit Verzugszinsen 11%/52 Tage, Rechnungsbetrag 4.760,00 €	? €
4.	Die Bank belastet das Geschäftskonto zum Jahresabschluss für Zinsen Kontoführung	 265,60 € 22,00 €
5.	Wegen Überschreitung des Zahlungszieles bei einer Rechnung über 5.355,00 € berechnet der Lieferer 12% Verzugszinsen für 48 Tage	? €
6.	Das Bankkonto wird mit Kontoführungsgebühren belastet	12,50 €
7.	Da ein Kunde mit der Zahlung einer Rechnung über 13.090,00 € in Verzug ist, belastet ihn der Lieferer mit 10,5% Verzugszinsen für 30 Tage und 12,00 € Mahngebühren. **Buchung des Kunden!**	? €
8.	Ein Kunde wird wegen Zahlungsverzugs belastet mit 11,5% Verzugszinsen für 45 Tage für eine Rechnung über 3.927,00 € zuzüglich Mahnspesen 6,00 €	? €
9.	Bankbelastung für Tilgungsrate Hypothekarkredit für Zinsen für Gebühren	500,00 € 1.480,00 € 10,00 €
10.	Die Bank gewährt einen kurzfristigen Kredit von und stellt nach Vorabzug von 2% Bearbeitungsgebühr den Restbetrag auf dem Kontokorrentkonto bereit	10.000,00 €

Lösung 70

Aufgabe 71

Welche Geschäftsfälle liegen den Eintragungen auf dem nachfolgenden Bankkonto zugrunde? Die Bank hat ein Kreditlimit von 30.000,00 € eingeräumt.

S		2800 BK	H
1. 8000	3.200,00	2. 7510	300,00
3. 4250	50.000,00	4. 4250, 7510	1.250,00
5. 5710	120,00	6. 4400	46.410,00
9. 8010	24.685,00	7. 4250	30.000,00
		8. 6750	45,00
	78.005,00		78.005,00

Lösung 71

Lösung 71 (Fortsetzung)

2.1.5 Integrierte Aufgaben zu den Finanzierungsmöglichkeiten

Aufgabe 72

GEWERBEBANK ROSENHEIM
BLZ 711 511 00
IBAN DE27711511000000471166
BIC GBNKDEFF

Kontonummer	Auszug/Jahr	Blatt-Nr.
471166	113/20..	1 von 1

KONTOAUSZUG

Buchungstag	Wert	Vorgang	Umsatz in Euro
		Alter Kontostand	1.378,97 H
29. 04.	30. 04.	PN: 1019 Kredit (9 Monate)	25.000,00 H
29. 04.	30. 04.	PN: 1019 Bearbeitungsgebühr	250,00 S
29. 04.	30. 04.	PN: 1021 02/1911 – 2002-04-20 abzüglich Skonto 749,70 Euro	24.240,30 S
		Neuer Kontostand	1.888,67 H

Holzbau Rosenheim
Stefanie Bauer (e. Kfr.)
Lindenstraße 14–16
83024 Rosenheim

1. Bilde die Buchungssätze nach vorliegendem Bankbeleg.
2. Welcher Skontosatz wurde gewährt (Skontofrist 10 Tage)?
3. Welcher effektive Zinssatz entspricht dem Skontoabzug, wenn das Zahlungsziel 60 Tage betrug?
4. Welche Kreditart ist wahrscheinlich in Anspruch genommen worden?
5. War die Entscheidung richtig, für die Skontoausnutzung den Kredit bei Kreditzinsen von 12,5% aufzunehmen? Begründe rechnerisch.

Lösung 72

Aufgabe 73

Eine Eingangsrechnung über Holz (Zahlungsziel 30 Tage) wird durch Online-Banking überwiesen:

Online-Banking Überweisungsbestätigung

Bank:	Gewerbebank Rosenheim	Datum: 04. April 2011
BLZ:	711 511 00	Uhrzeit: 17.09 Uhr
Kontonummer:	471166	
Auftraggeber:	Holzbau Rosenheim Stefanie Bauer (e. Kfr.)	

Empfänger:	HOLZTOP GmbH, Flintsbach
Kontonummer des Empfängers:	58622
bei Kreditinstitut:	Bank Flintsbach
BLZ:	723 145 86
Währung:	Euro
Betrag:	60.642,40 Euro
Verwendungszweck 1:	02/1843 – 20..-03-25
Verwendungszweck 2:	abzüglich 2% Skonto

☐ **iTAN anfordern** ☐ **mobile TAN anfordern**

1. Bilde den Buchungssatz zu dem vorliegenden Beleg.

2. Die Überweisung unter Abzug von Skonto (Skontofrist 10 Tage) war nur durch Aufnahme eines Bankkredits zu einem Zinssatz von 12,25% p. a. möglich geworden. Wie hoch waren die Kreditkosten?
3. Berechne die Ersparnis durch Ausnutzung des Skontos unter Berücksichtigung der Kreditkosten für den Bankkredit.
4. Bilde den Buchungssatz für die Aufnahme des Kredits.
5. Welcher effektive Zinssatz entspricht dem Skontoabzug?

Lösung 73

Aufgabe 74

Die Firma Stefanie Bauer Holzbau Rosenheim erhält am 01. 04. eine Rechnung über gelieferte Fremdbauteile in Höhe von 24.038,00 € (einschl. 19% USt.).

Zahlungsbedingungen: 10 Tage 3% Skonto, 30 Tage netto Kasse.

Säumige Kundenzahlungen haben dazu geführt, dass vorübergehend ein finanzieller Engpass entstanden ist. Den ihr bereits eingeräumten Kontokorrentkredit (Kreditlinie 30.000,00 €, Sollzinsen 13% p. a. und Überziehungsprovision 4,5% p. a.) musste Frau Bauer schon mit 19.000,00 € in Anspruch nehmen.

Frau Bauer wird sich wohl für den Lieferantenkredit entscheiden und auf den Skontoertrag verzichten müssen. „Der Lieferantenkredit ist ein sehr teurer Kredit", diese Aussage ihres Vaters geht ihr durch den Kopf. Gibt es eine Alternative?

1. Bilde den Buchungssatz für den Zieleinkauf am 01. 04.
2. Berechne den effektiven Zinssatz für den Lieferantenkredit.
3. Prüfe rechnerisch, ob es sich lohnt, zum Ausnutzen des Skontos den eingeräumten Kontokorrentkredit in Anspruch zu nehmen. Ermittle dazu die Kreditkosten und den Finanzierungsgewinn.
4. Bilde den Buchungssatz für die Zahlung abzüglich 3% Skonto per Banküberweisung.
5. Bilde den Buchungssatz für die Inanspruchnahme des Kontokorrentkredits.
6. Gibt es zum Kontokorrentkredit alternative Möglichkeiten?
7. Finde mögliche Gründe für eine Erhöhung des Kontokorrentkredits.

Lösung 74

Aufgabe 75

Zur Begleichung einer Eingangsrechnung über 34.510,00 € muss ein Unternehmen entweder einen Lieferantenkredit in Anspruch nehmen oder einen Kontokorrentkredit.

Lieferantenkredit: zahlbar innerhalb von 30 Tagen innerhalb 10 Tagen mit 2% Skonto
Kontokorrentkredit: 12,50% p. a.

Welcher Kredit sollte in Anspruch genommen werden? Rechnerische Begründung!

Lösung 75

Aufgabe 76

Ein Montageschreiner hat bei seiner Bank ein Girokonto mit einer Kreditlinie von 3.000,00 €. Zurzeit nimmt er darauf einen Dispositionskredit mit 2.400,00 € in Anspruch. Eine bei ihm eingehende Rechnung aus dem Kauf eines neuen PC mit 1.249,50 € trägt den Vermerk: Zahlbar innerhalb 10 Tagen abzüglich 3% Skonto oder in 60 Tagen rein netto".

Lohnt es sich, das Girokonto noch weiter zu überziehen, um den Skonto zu erhalten, wenn folgende Kreditkosten zu berücksichtigen sind: Sollzinsen 11,5% p. a., erhöht um 3% p. a. von dem die Kreditlinie übersteigenden Kreditbetrag?

Lösung 76

Aufgabe 77

Aus den Zahlungsbedingungen einer Rechnung sind folgende Angaben entnommen: „Bei Zahlung innerhalb von 10 Tagen 3% Skonto, 60 Tage netto“

- Erkläre diese Zahlungsbedingungen.
- Welchem Bankzinssatz entspricht diese Zahlungsbedingung?

Lösung 77

Aufgabe 78

Arbeitspapier des Unternehmerseminars

Tickende Zeitbombe

Die Banken drehen den Mittelständlern den Hahn zu.

Jedem Vierten droht die Insolvenz, wenn sich nicht andere Finanzquellen auftun.

„Das Finanzgebaren des Mittelstands ist in seinen Grundfesten erschüttert. Finanztechnisch lebt der Motor der deutschen Wirtschaft – 70 Prozent aller Arbeitsplätze sind hier angesiedelt, 75 Prozent aller Patente werden hier entwickelt – bislang im Mittelstand. 80 Prozent aller Mittelständler finanzieren sich ausschließlich über Kredite der Hausbank, zu der das Unternehmen eine oft über Generationen dauernde Verbindung pflegte. Diese Verbindung löst sich auf. Besonders betroffen sind kleine und mittlere Betriebe.

Jeder Zweite arbeitet nach Angaben des Bundesverbands mittelständische Wirtschaft (BVMW) völlig ohne Eigenkapital, jeder Dritte ohne Gewinn. Diese Firmen fallen schon jetzt immer häufiger durchs Raster der Banken. Bei einer Umfrage unter Mittelständlern kritisierte jeder vierte Firmenchef die restriktive Haltung der Hausbank. Dieser Trend wird sich noch verstärken.

Besonders im Handwerk sind viele Betriebe substanziell gefährdet, sollten sich die Konditionen für Bankkredite verschlechtern. Klar ist: Die Internationalisierung der Finanzmärkte, vor allem aber die Ende 2006 in Kraft getretenen neuen Eigenkapitalregeln (Mindestkapitalanforderungen, bankaufsichtlicher Überprüfungsprozess, Erweiterung der Offenlegungspflichten)* zwingen Banken, aber auch ihre Firmenkunden nach alternativen Instrumenten Ausschau zu halten. Während das Gros der amerikanischen und europäischen Wettbewerber schon lange in großem Umfang auf diese Alternativen setzen, haben sich die Deutschen bis heute weitgehend über Kredite nationaler Banken finanziert. Bei vielen Unternehmen fehlt häufig die materielle Ausstattung als Sicherheit für Bankkredite. Wer sich seinen Handlungsspielraum erhalten will, muss bei der Finanzierung nach neuen Wegen suchen."

** Deutsche Bundesbank – Bankenaufsicht 02. 04. 2012*

Diese Aufgabe eignet sich auch für Gruppenarbeit.

Versuche diese „tickende Zeitbombe" zu entschärfen. Wie kann die Firma Stefanie Bauer Holzbau Rosenheim diesen Herausforderungen begegnen?

1. Arbeite den Text aufmerksam durch und kläre neue Begriffe (z. B. Finanzgebaren, Internationalisierung, Gros) mithilfe eines Lexikons oder/und des Internets.
2. Mache konkrete Vorschläge.

Lösung 78

Lösung 78 (Fortsetzung)

Aufgabe 79

1.

Jahr	Darlehenssumme Restschuld	Zins	Tilgung	jährliche Rate
1	60.000,00 €	7.200,00 €	0 €	7.200,00 €
2	60.000,00 €	7.200,00 €	0 €	7.200,00 €
3	60.000,00 €	7.200,00 €	0 €	7.200,00 €
4	60.000,00 €	7.200,00 €	0 €	7.200,00 €
5	60.000,00 €	7.200,00 €	60.000,00 €	67.200,00 €
Summen	-----	36.000,00 €	60.000,00 €	96.000,00 €

2.

Jahr	Darlehenssumme Restschuld	Zins	Tilgung	jährliche Rate
1	60.000,00 €	7.200,00 €	12.000,00 €	19.200,00 €
2	48.000,00 €	5.760,00 €	12.000,00 €	17.760,00 €
3	36.000,00 €	4.320,00 €	12.000,00 €	16.320,00 €
4	24.000,00 €	2.880,00 €	12.000,00 €	14.880,00 €
5	12.000,00 €	1.440,00 €	12.000,00 €	13.440,00 €
Summen	-----	21.600,00 €	60.000,00 €	81.600,00 €

3.

Jahr	Darlehenssumme Restschuld	Zins	Tilgung	jährliche Rate
1	60.000,00 €	7.200,00 €	9.444,58 €	16.644,58 €
2		6.066,65 €	10.577,93 €	16.644,58 €
3	39.977,49 €	4.797,30 €	11.847,28 €	16.644,58 €
4	28.130,21 €		13.268,95 €	16.644,58 €
5	14.861,26 €	1.783,35 €		16.644,58 €
Summen	-----	23.222,93 €	-----	

1. Ein Unternehmen hat sich für das Darlehen Nr. 2 entschieden.
1.1 Wie wird dieses Darlehen bezeichnet?
1.2 Was könnte den Kreditnehmer veranlasst haben, die Nr. 2 zu wählen?
1.3 Gib folgende Größen an: Darlehenssumme und Zinssatz.
1.4 Bilde den Buchungssatz für den Schuldendienst am Ende des 2. Jahres.

2. Ein anderes Unternehmen hat sich für Darlehen Nr. 3 entschieden.
2.1 Wie wird dieses Darlehen bezeichnet?
2.2 Was könnte den Kreditnehmer veranlasst haben, die Möglichkeit Nr. 3 zu wählen?
2.3 Ermittle die fehlenden Beträge.
2.4 Bilde den Buchungssatz bei Darlehensaufnahme.

3. Ein privater Darlehensnehmer hat sich für Darlehen Nr. 1 entschieden.
3.1 Wie wird dieses Darlehen bezeichnet?
3.2 Wie könnte die Tilgung aussehen?

Lösung 79

Lösung 79 (Fortsetzung)

Aufgabe 80

Das Unternehmen Stefanie Bauer beliefert schon seit längerer Zeit einen Baumarkt mit Gartenmöbeln und gewährte dabei regelmäßig Lieferantenkredite, die der Baumarkt zu den Bedingungen „Zahlung innerhalb 30 Tagen rein netto, innerhalb 10 Tagen 3% Skonto" in Anspruch nahm. In diesem Jahr hat der Baumarkt zum ersten Mal innerhalb der Skonto-Frist 69.258,00 € überwiesen und bei einem Gespräch auf seine günstige Möglichkeit eines Kontokorrentkredits zu 12% p. a. hingewiesen.

Wie müsste die Laufzeit des Lieferantenkredits geändert werden, damit der Baumarkt wieder den Lieferantenkredit in Erwägung ziehen würde?

Lösung 80

Aufgabe 81

Nach Mitteilung des Statistischen Bundesamtes wurden im Jahr 2010 140796 Insolvenzen von Unternehmen und Verbrauchern gemeldet. Besonders auffällig war die Zunahme der Verbraucherinsolvenzen gegenüber dem Jahr 2009 um 7,6%, auch wenn die vorläufige Schätzung von 111800 mit 108798 doch noch unterschritten wurde. 2009 mussten 32687 Unternehmen Insolvenz anmelden.

1. Kläre die Begriffe Insolvenz, Unternehmensinsolvenz und Verbraucherinsolvenz.
2. Ermittle die Zahl der Unternehmens- bzw. Verbraucherinsolvenzen 2010.
3. Ermittle die Veränderung (%) der Unternehmensinsolvenzen von 2009 auf 2010 und vergleiche das Ergebnis mit der Veränderung bei den Verbraucherinsolvenzen.
4. Suche Erklärungen für die Veränderungen.
5. Welche Rolle spielt das Kreditgebaren (z. B. bei Dispositionskrediten und Ratenkrediten) im Zusammenhang mit Verbraucherinsolvenzen?

6. Welche persönlichen Konsequenzen ziehst Du für Dich persönlich als Verbraucher aus Deinen gefundenen Ergebnissen?

Lösung 81

Lösung 81 (Fortsetzung)

Aufgabe 82

Eine Kreditbank hat für einen Ratenkredit den nachfolgenden Tilgungsplan vorgelegt:

Monat	Schuld	Rate	Zinsen	Tilgung	Restschuld
01. 04. 2010	6.000,00 €	518,00 €	32,05 €	485,95 €	5.514,05 €
01. 05. 2010	5.514,05 €	518,00 €	30,44 €	487,56 €	5.026,50 €
01. 06. 2010	5.026,50 €	518,00 €	26,85 €	491,15 €	4.535,35 €
01. 07. 2010	4.535,35 €	518,00 €	25,04 €	492,96 €	4.042,39 €
01. 08. 2010	4.042,39 €	518,00 €	22,32 €	495,68 €	3.546,70 €
01. 09. 2010	3.546,70 €	518,00 €	18,95 €	499,05 €	3.047,65 €
01. 10. 2010	3.047,65 €	518,00 €	16,82 €	501,18 €	2.546,48 €
01. 11. 2010	2.546,48 €	518,00 €	13,60 €	504,40 €	2.042,08 €
01. 12. 2010	2.042,08 €	518,00 €	11,27 €	506,73 €	1.535,35 €
01. 01. 2011	1.535,35 €	518,00 €	8,48 €	509,52 €	1.025,83 €
01. 02. 2011	1.025,83 €	518,00 €	5,12 €	512,89 €	512,95 €
01. 03. 2011	512,95 €	515,77 €	2,83 €	512,94 €	0,00 €
		6.213,77 €	213,77 €	6.000,00 €	

1. Ermittle die gesamten Kreditkosten, wenn auch noch 1% Bearbeitungsgebühr (wurde vorab bezahlt) zu berücksichtigen sind.
2. Zu welchem nominalen Zinssatz wurde der Ratenkredit angeboten?

Lösung 82

Lösung 82 (Fortsetzung)

Aufgabe 83

Ein Unternehmer hat bei seiner Bank einen Überbrückungskredit von 27.000,00 € für die Zeit vom 01. 03. bis 30. 04. aufgenommen: Zinssatz 11,5% p. a., Bearbeitungsgebühr 0,5%, Spesen 5,00 €.

1. Berechne die Kreditkosten und den effektiven Zinssatz.
2. Bilde die Buchungssätze
2.1 für die Kreditaufnahme auf das Bankkonto.
2.2 für die Tilgung und Zahlung der Kreditkosten per Banküberweisung.
3. Welche finanzielle Situation könnte den Unternehmer veranlasst haben, diesen Überbrückungskredit aufzunehmen?
4. Im zweiten Jahrhundert vor Christus soll im Orient der Zinssatz für Überbrückungskredite bei 20 Prozent gelegen haben. Wie hoch sind die aktuellen Zinssätze? Erkundige Dich bei einer Bank und nutze das Internet.

Lösung 83

Lösung 83 (Fortsetzung)

Aufgabe 84

Für ein Investitionsvorhaben soll ein Darlehen von 200.000,00 € für 276 Tage aufgenommen werden. Es wird am Ende der Laufzeit einschließlich der Kreditkosten zurückgezahlt. Entwickle zum Angebotsvergleich ein Rechenblatt, in das der jeweilige effektive Zinssatz eingearbeitet wird.

- Bank A schlägt vor aufgrund der vorhandenen Sicherheiten das Kontokorrentkonto zu überziehen. Sie berechnet 12% p. a. Sollzinsen. Das Konto weist einen Guthabenstand von 40.000,00 € auf.
- Bank B bietet ein Darlehen, das mit 8,5% p. a. zu verzinsen ist. Die Bearbeitungsgebühr beträgt 0,75%.
- Bank C bietet das Darlehen zu 7% p. a. und 2% Bearbeitungsgebühr an.

Lösung 84

Lösung 84 (Fortsetzung)

Aufgabe 85

Diese Aufgabe kann auch in Gruppenarbeit durchgeführt werden.
In letzter Zeit haben alternative Finanzierungsmöglichkeiten an Bedeutung gewonnen!

Leasing	Factoring	Asset Backed Securities
Nutzung von Sachanlagen wie Immobilien, Maschinen, Fahrzeuge, Büromaschinen gegen eine monatliche Leasinggebühr.	Liquiditätsbeschaffung durch den Verkauf von kurzfristigen Forderungen an Factoringdienstleister.	Umwandlung von Zahlungsansprüchen (Assets) in handelbare Wertpapiere (Securities).

Welche Finanzierungsmöglichkeiten für die Unternehmen gewinnen in Zukunft an Bedeutung?
Befragung von 690 Führungskräften in Unternehmen ab 50 Millionen Euro Umsatz

	sehr wichtig	wichtig
Kurzfristiger Bankkredit	52%	35%
Leasing	43%	42%
Langfristiger Bankkredit	42%	40%
Andere Kreditformen	30%	50%
Asset Backed Securities	27%	41%
Factoring	21%	42%

Quelle: Siemens Financial Services

1. Erkläre mithilfe des Internets die drei Bezeichnungen für die alternativen Finanzierungsmöglichkeiten.
2. Kläre, warum diese alternativen Möglichkeiten an Bedeutung gewonnen haben.

Lösung 85

Lösung 85 (Fortsetzung)

Aufgabe 86

Berechne die jeweilige effektive Verzinsung mithilfe eines Rechenblattes. Die Bearbeitungsgebühr wird vorab einbehalten.

	Kreditsumme	Zinssatz	Bearbeitungsgebühr	Laufzeit
1.	150.000,00 €	7,65%	3%	380 Tage
2.	60.000,00 €	8,1%	2,5%	225 Tage
3.	35.000,00 €	8,9%	2%	03. 07.–28. 11. 20..

Lösung 86

Aufgabe 87

Der Finanzierungsbedarf liegt bei 74.000,00 €. Dazu soll ein kurzfristiger Kredit aufgenommen werden. Die Unternehmensleitung hat zwei Kreditangebote eingeholt, von denen folgende Informationen vorliegen:

Gewerbebank Rosenheim	Genossenschaftsbank München
Kreditsumme 74.000,00 € Zinssatz 8,25% p. a. Bearbeitungsgebühr 2,25% Laufzeit 193 Tage	Kreditsumme 74.000,00 € Zinssatz 7,95% p. a. Bearbeitungsgebühr 3% Laufzeit 193 Tage

1. Berechne mithilfe eines Rechenblattes die effektive Verzinsung für die beiden Kreditangebote. Die Bearbeitungsgebühr wird bei beiden Banken vorab einbehalten.
2. Die Unternehmensleitung entscheidet sich für die Kreditaufnahme beim günstigsten Anbieter. Bilde den Buchungssatz für die Kreditbereitstellung auf dem Geschäftsbankkonto.

Lösung 87

2.2 Geldanlagemöglichkeiten

2.2.1 Anlagekriterien

Aufgabe 88

Von den nachstehenden Aussagen zur Geldanlage treffen nur drei Aussagen zu. Gib die Kennbuchstaben der drei richtigen Aussagen an.

Aussage	Kennbuchstaben
Geldanlagen mit hoher Rentabilität enthalten meist geringere Risiken.	A
Anleger sollen eine Kombination verschiedener Anlagemöglichkeiten wählen.	B
Anlagen, die sehr liquide sind, bringen meist einen hohen Ertrag.	C
Weniger riskante Anlagen weisen meist eine geringere Rendite auf.	D
Es gibt eine Anlageform, die alle Anlagekriterien in sich vereint.	E
Die Geldanlage sollte auf die Einkommensverhältnisse abgestimmt sein.	F

Lösung 88

Aufgabe 89

Die Anlagekriterien beeinflussen sich gegenseitig. Erläutere den Zusammenhang, der normalerweise zwischen Rentabilität und Liquidität besteht.

Lösung 89

Aufgabe 90

Wer war Theodor Heuss? Informiere dich im Internet oder schlage im Lexikon nach.

Lösung 90

2.2.2 Angebote von Kreditinstituten

2.2.2.1 Sichteinlagen

2.2.2.2 Termineinlagen

Aufgabe 91

1. Erkundige dich bei einem Kreditinstitut (Bank oder Sparkasse), welche Zinssätze derzeit für Girokonten (Sichteinlagen) gelten.
2. Informiere dich auch über die Konditionen für Jugendgirokonten.
3. Informiere dich über die Zinssätze für Termineinlagen und über die Rahmenbedingungen (Mindesteinlage, Laufzeiten).
4. Wie sind die drei Anlagekriterien bei Sichteinlagen bzw. Termineinlagen erfüllt?

Lösung 91

Aufgabe 92

Von den nachstehenden Aussagen zur Geldanlage treffen nur zwei Aussagen zu. Gib die Kennbuchstaben der zwei richtigen Aussagen an.

Aussage	Kennbuchstaben
Sichteinlagen stehen auf der Passivseite der Unternehmensbilanz.	A
Bei Termineinlagen unterscheidet man zwischen Girokonten und Festgelder.	B
Sichteinlagen sind jederzeit fällig.	C
Termingelder sind nicht für den Zahlungsverkehr bestimmt.	D

Lösung 92

Aufgabe 93

Herr und Frau Bachmeier möchten das Taschengeld ihrer vierzehnjährigen Tochter Katharina mit den Zinsen einer Festgeldanlage finanzieren. Die Bank bietet zurzeit eine Verzinsung von 4,5% an. Der Tochter sollen durch die jährliche Zinszahlung je Monat 75,00 € zur Verfügung stehen.

Welchen Betrag müssen die Eltern von Katharina anlegen?

Lösung 93

Aufgabe 94

Berechne die jeweiligen Sparzinsen.

	Sparbetrag	Zinssatz	Laufzeit
1.	15.000,00 €	4,65%	180 Tage
2.	1.350,00 €	2,1%	72 Tage
3.	785,00 €	2,1%	02. 07.–28. 07. 20..

Lösung 94

Aufgabe 95

Ergänze den folgenden Lückentext mit den entsprechenden Begriffen.

Sichteinlagen sind Guthaben auf ????? ohne Kündigungsfrist. Sie sind ????? fällig. Die Sichteinlagen werden vor allem zur Abwicklung des ????? benötigt. Unter ????? versteht man Geld, das einem Kreditinstitut für eine vorher bestimmte Zeit zur Verfügung gestellt wird. Sie haben einen ????? Zinssatz als Sichteinlagen, da der Anleger für einen längeren Zeitraum auf sein Verfügungsrecht verzichtet. Dabei werden Einlagen mit einem festen Zinssatz und mit einer im Voraus vereinbarten Laufzeit als ????? bezeichnet. Einlagen mit einer vereinbarten Kündigungsfrist nennt man ?????.

Begriffe: Termingeld – Kündigungsgelder – höheren – täglich – Girokonten – Festgeld – Geldverkehrs

Lösung 95

Aufgabe 96

Florian Schober will 2.500,00 € für einen bestimmten Zeitraum bei seiner Bank anlegen. Er eröffnet deshalb ein Festgeldkonto. Er ist – da er wenig Ahnung von Zinsrechnung hat – der festen Meinung, dass sich sein Anlagebetrag bei einem Zinssatz von 3,75% innerhalb von 75 Tagen auf mindestens 2.550,00 € erhöht.

Ermittle rechnerisch, ob Florians Annahme berechtigt ist.

Lösung 96

Aufgabe 97

Berechne die Zinsen für ein Jahr in Euro für ein Kapital von 50.000,00 €, wenn die Bank Sichteinlagen (Girokonto) mit 0,75% und Festgelder mit 4,75% verzinst. Kannst du die Unterschiede erklären?

Lösung 97

2.2.2.3 Zinseszinseffekt

Aufgabe 98

Berechne das Anwachsen zweier Anlagebeträge von jeweils 100.000,00 €, wenn das erste Kapital zu 4% und das zweite Kapital zu 7% angelegt und die Zinsen jährlich dem Kapital zugeschlagen werden. Die Anlagedauer beträgt jeweils sechs Jahre. Erstelle dazu ein Rechenblatt.

Lösung 98

2.2.2.4 Wertpapiere

Aufgabe 99

Ergänze den folgenden Lückentext mit den entsprechenden Begriffen.

Unter Effekten versteht man Wertpapiere, die an der ????? gehandelt werden. Die Wertpapiere werden in Deutschland an acht ????? und an der Computerbörse ????? gehandelt. Zu den Effekten zählen die festverzinslichen Wertpapiere und die ?????.

Lösung 99

Aufgabe 100

1. Welche zwei Arten von Wertpapierbörsen gibt es in der Bundesrepublik Deutschland?
2. In der Wall Street in New York befindet sich die bedeutendste Börse der Welt, die New York Stock Exchange (NYSE). Welcher Börsenplatz in Deutschland spielt eine internationale Rolle?
3. In welcher Stadt findest du die Bayerische Börse?
4. Herr Kohl besitzt 20 Aktien eines Maschinenbauunternehmens und will diese verkaufen. Erläutere mithilfe eines Schaubildes den Vorgang des Aktienverkaufes.

Lösung 100

Aufgabe 101

1. Ein Anleger soll die Anlagekriterien Rentabilität, Liquidität und Sicherheit beachten. Wie ist es bei der Anlageform „Aktie" um diese Kriterien bestellt?
2. Nenne Gründe, die für und gegen die Geldanlage in Aktien sprechen.
3. Erkläre den Begriff Investmentzertifikat.

Lösung 101

Aufgabe 102

Welche der nachfolgenden Aussagen zu Aktien treffen zu (= richtig), welche nicht (= falsch)?

1. Aktien werden als Schuldverschreibungen bezeichnet.
2. Bei Aktien handelt es sich um eine risikolose Geldanlage.
3. Aktien werden von Aktiengesellschaften ausgegeben.
4. Aktionäre erhalten jährlich eine gleichbleibende Dividende.
5. Die Dividende wird auch als Zins bezeichnet.
6. Die Aktie besteht aus dem Mantel und dem Bogen.
7. Der Talon ist Bestandteil des Bogens.
8. Aktien werden auch als Spekulationspapiere bezeichnet.

Lösung 102

Aufgabe 103

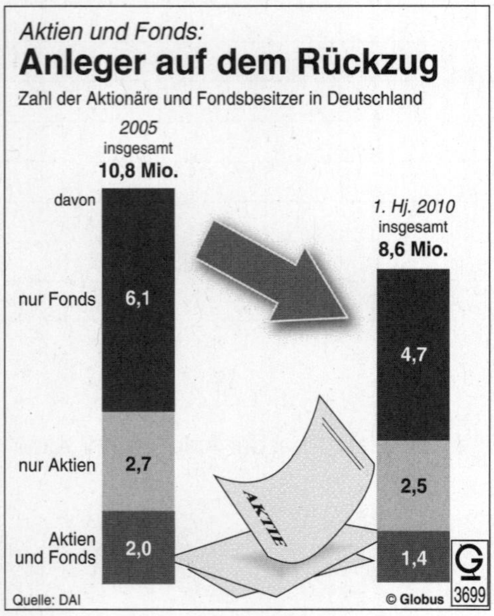

1. Ermittle den Rückgang der Zahl der Aktionäre und Fondsbesitzer von 2005 bis 2010 (1. Halbjahr) in Prozent.
2. Finde mögliche Gründe für den zahlenmäßigen Rückgang bei den Aktionären und Fondsbesitzern in den Jahren 2005–2010.
3. Wie unterscheiden sich Aktien und Fonds im Hinblick auf Gewinnchancen und Verlustrisiken?

Lösung 103

Aufgabe 104

Die Möbelschreinerei Holzinger hat Mittel frei, die der Inhaber vorübergehend in Aktien der Bayerischen Papierwerke AG anlegen will.

1. Nenne mindestens drei Informationsquellen, die Herr Holzinger als Grundlage für eine Kaufentscheidung heranziehen kann.
2. Wie heißen die zwei wirtschaftlichen Methoden der Aktienanalyse?
3. Welche Unternehmensdaten der Aktiengesellschaft sind vor einer Kaufentscheidung zu berücksichtigen?
4. Trotz guter Wirtschaftsdaten einer Aktiengesellschaft kann es zu einem Kursverfall kommen. Nenne mögliche Gründe.

Lösung 104

Lösung 104 (Fortsetzung)

Aufgabe 105

Banken vermitteln ihren Kunden auch Wertpapiere (Effekten), z. B. festverzinsliche Wertpapiere, Aktien und Investmentzertifikate.

1. Erläutere die Aussage: Im Wertpapiersparen liegt ein Reiz, aber auch ein Risiko.
2. Wodurch unterscheiden sich festverzinsliche Wertpapiere und Aktien beim Ertrag?
3. Experten raten Kleinsparern in das Aktiensparen mit dem Kauf von Investmentzertifikaten einzusteigen. Beurteile diese Empfehlung!

Lösung 105

2.2.3 Geldanlagen dargestellt als Diagramme

Aufgabe 106

Die Erfahrung zeigt, dass die Aktie auf längere Sicht anderen Anlageformen überlegen ist. Stelle die Entwicklung des Deutschen Aktien-Index (DAX) mithilfe eines Diagramms anschaulich dar.

Entwicklung des Deutschen Aktien Index (DAX)*:

Jahr	DAX	Jahr	DAX
1987	1000	1999	6958
1988	1328	2000	6434
1989	1790	2001	5160
1990	1398	2002	2893
1991	1578	2003	3965
1992	1545	2004	4256
1993	2267	2005	5408
1994	2107	2006	6597
1995	2254	2007	8067
1996	2889	2008	4810
1997	4250	2009	5957
1998	5002	2010	6914

*Stand: Jahresende/Quelle: Bundesverband deutscher Banken

Lösung 106

2.2.4 Berechnungen im Aktienverkehr

2.2.4.1 Kurswert

Aufgabe 107

Berechne die Kurswerte:

	Bezeichnung	Nennwert		Stückkurs	
1.	15 Stück Motorenbau AG	NW	5,00 €	Kurs	350,00 €
2.	29 Stück Stahlwerke AG	NW	5,00 €	Kurs	49,00 €
3.	124 Stück Wirtschaftsbank AG	NW	– – – €	Kurs	59,00 €
4.	12 Stück Zellstoff AG	NW	10,00 €	Kurs	392,00 €
5.	75 Stück Handelsbank AG	NW	5,00 €	Kurs	78,50 €

Lösung 107

Aufgabe 108

Berechne den Stückkurs für folgende Aktien:

	Stückzahl	Aktienbezeichnung	Kurswert
1.	35	Stickstoffwerke AG	1.540,00 €
2.	58	Kühlmaschinen AG	7.076,00 €
3.	42	Energie AG	1.478,40 €
4.	25	Industrieroboter AG	2.187,50 €
5.	37	Medien AG	1.998,00 €

Lösung 108

2.2.4.2 Kauf von Aktien

2.2.4.3 Verkauf von Aktien

2.2.4.4 Wertpapierabrechnung (Tabellenkalkulation)

Aufgabe 109

Erstelle die Bankabrechnung für folgende Aktienkäufe (Spesen 1%):

	Stückzahl	Bezeichnung	Kurs
1.	84	Papierwerk AG	26,60 €
2.	15	Chemie AG	362,00 €
3.	225	Automobilbau AG	18,90 €
4.	35	Textilwerke AG	23,40 € (Buchungsgebühr 3,00 €)
5.	125	Versicherungs-AG	1.998,00 €

Lösung 109

Aufgabe 110

Die Inhaberin eines Textilunternehmens will momentan nicht benötigte Mittel in Aktien anlegen. Sie erwirbt 200 Chemieaktien zum Kurs von 145,00 €. Ermittle die Banklastschrift mithilfe eines Rechenblattes (Spesen 1% vom Kurswert).

Lösung 110

Aufgabe 111

Frau Wachter will 15.000,00 € in Aktien des Kaufhauses Pfundig AG anlegen, deren aktueller Kurs 160,50 € beträgt. Auf welche Stückzahl darf der Kaufauftrag höchstens lauten, wenn der Auftrag zum Limit von 163,00 € erteilt wird und die Bank 1% Spesen berechnet.

Lösung 111

Aufgabe 112

Erstelle die Bankabrechnung für folgende Aktienverkäufe (Spesen 1%):

	Stückzahl	Bezeichnung	Kurs	
1.	70	Stahlwerk AG	26,60 €	
2.	45	Raumfahrt AG	145,00 €	(Buchungsgebühr 5,00 €)
3.	175	Zement AG	207,30 €	
4.	35	Kaufhaus AG	12,30 €	
5.	65	Medien AG	1,40 €	

Lösung 112

Aufgabe 113

Herr Bedürftig benötigt zum Erwerb eines Einfamilienhauses dringend Geld, das er aus dem Verkauf von in seinem Depot befindlichen 150 Chemieaktien beschaffen möchte. Die Entwicklung der Aktien kann er nicht abwarten. Am 26. Februar 20.. erteilt er seiner Bank den Verkaufsauftrag. Der Auftrag wird zum Stückkurs von 215,00 € (Spesen 1,06%) ausgeführt.

1. Mit welchem Vermerk wird er seinen Verkaufsauftrag versehen?
2. Erstelle die Verkaufsabrechnung.

Lösung 113

Aufgabe 114

Herr Kögel beobachtet seit Längerem die Wirtschaftsdaten und die Kursentwicklung der Medisoftware AG. Er erwartet deutliche Kurssteigerungen dieser Aktie. Er kauft daher 80 Aktien zum Kurs von 8,50 €. Ein Monat später ist der Kurs der Aktie bereits auf 36,50 € gestiegen (Spesen 1%).

Welchen Verkaufsgewinn erzielt Herr Kögel, wenn er die Aktie zu diesem Kurs verkauft?

Lösung 114

Aufgabe 115

Die Eigentümerin eines Kaufhauses stellt fest, dass sich ihre Verbindlichkeiten erheblich erhöht haben. Sie beauftragt ihre Bank, die vor acht Monaten erworbenen 75 Bank-Aktien zu verkaufen. Die Bank führt den Auftrag aus. Stückkurs 78,40 €, Spesen 1,06% vom Kurswert, Buchungsgebühr 2,25 €.

Ermittle die Höhe der Bankgutschrift mithilfe eines Rechenblattes.

Lösung 115

Aufgabe 116

Bei der Innbank Passau wird die Wertpapierabrechnung mithilfe eines Tabellenblattes erstellt. Durch ein Missgeschick wurden allerdings zwei Zellen gelöscht.
Wie heißen die fehlenden Formeln in Zelle G13 und G15?

	A	B	C	D	E	F	G	H
1								
2	**INNBANK** **Niederlassung Passau**				**Abrechnung** **WERTPAPIER-KAUF**			
3								
4	Frau/Herrn/Firma				**Bank-Nr.**		**GP-Nr.**	**Depot-Nr.**
5	Josef Ilz				02-5210001		312839	43050
6	Donaulände 8				**Depotvermerk**			**Filiale 02**
7	94032 Passau				**Auftrags-Nr.**		**Auftragsdatum**	**erstellt am**
8					00001501		27. 02. 20..	28. 02. 20..
9					Ausführungsplatz/-art Präsenzhandel MUENCHEN			
10	**Kenn-Nr.**		**Wertpapierbezeichnung**					
11	85221		Schifffahrt AG					
12	Nennwert/Stück	St.	150		**Kurswert**		**6.525,00 Euro**	
13	Kurs/Preis		43,50 Euro		**Spesen**		**Euro**	
14	Handelsdatum		28. 02. 20..					
15	Spesen in		1,06%		**Endbetrag**		**Euro**	
16								
17	Verrechnung über		Konto 75 32 80		Wert 28. 02. 20..			
18							Depotart: Depot B (Kundenbestand)	
19	**Die Wertpapiere und den Gegenwert werden wir entsprechend der Abrechnung am Valutatag buchen. Bitte prüfen Sie diese Abrechnung auf ihre Richtigkeit und Vollständigkeit. Etwaige Einwendungen gegen diese Abrechnung müssen unverzüglich nach Zugang bei der Bank erhoben werden. Kapitalerträge sind einkommenssteuerpflichtig. Diese Mitteilung wird nicht unterschrieben.**							

Lösung 116

2.2.5 Buchungen von Aktiengeschäften

2.2.5.1 Kauf von Aktien

Aufgabe 117

Erstelle die Buchungssätze zu den Aktienkäufen der Aufgabe 109 auf Seite 100.

Lösung 117

Aufgabe 118

Das Unternehmen Dientzenhofer Sportbälle (DSB) in Waldsassen will zurzeit nicht benötigtes Kapital anlegen. Aufgrund der günstigen Aktienkurse an der Börse entschließt sich die Unternehmensleitung zum Kauf von Aktien der Ökostrom AG.

1. Nenne drei Kriterien, die für den Kauf von Aktien sprechen.
2. Wie lautet der Buchungssatz für den folgenden Beleg?

ABRECHNUNG
WERTPAPIER-KAUF

BAYERNBANK
Niederlassung Waldsassen

Frau/Herrn/Firma
Dientzenhofer Sportbälle
Inh.: Christian Dientzenhofer (e. Kfm.)
Waldweg 12–15
95652 Waldsassen

Bank-Nr.:	GP-Nr.:	Depot-Nr.:
01-7003009	05001005	0050020
Depotvermerk		Filiale
		18
Auftrags-Nr.:	Auftragsdatum:	erstellt am:
0005307	20. 02. 20..	22. 02. 20..
Ausführungsplatz/-art:		
Präsenzhandel Frankfurt var.not.		Depotart: Depot B (Kundenbestand)

ISIN	Wertpapierbezeichnung		
DE0007840201	Ökostrom AG		
Nennwert/Stück		ST	???
Kurs/Preis		EUR	18,50
Handelsdatum			21. 02. 20..
Verrechnung über	Konto 860 970		Wert 21. 02. 20..

Kurswert	EUR	4.255,00
Spesen 1,00%	EUR	42,55
Buchungsgebühr	EUR	0,00
Endbetrag	EUR	4.297,55

Die Wertpapiere und den Gegenwert werden wir entsprechend der Abrechnung am Valutatag buchen.
Bitte prüfen Sie diese Abrechnung auf ihre Richtigkeit und Vollständigkeit.
Etwaige Einwendungen gegen diese Abrechnung müssen unverzüglich nach Zugang bei der Bank erhoben werden.
Kapitalerträge sind einkommensteuerpflichtig. Diese Mitteilung wird nicht unterschrieben.

3. Welchen Spesensatz hat die Bayernbank berechnet?
4. Wie viele Aktien hat das Unternehmen DSB gekauft?
5. Wann wird das Konto von DSB belastet?

Lösung 118

2.2.5.2 Dividendenerträge

Aufgabe 119

Berechne und buche die Dividendenerträge.

	Stückzahl	Bezeichnung	Stückdividende
1.	35	Holzwerke AG	0,60 €
2.	80	Chemie AG	2,25 €
3.	115	Bay. Molkerei AG	0,34 €
4.	65	Textilwerke AG	1,15 €

Lösung 119

Lösung 119 (Fortsetzung)

2.2.5.3 Verkauf von Aktien

Aufgabe 120

Am 16. März 20.. erwarb ein Anleger 60 Überlandwerke-Aktien. Die Bank belastete sein Konto mit 21.210,00 €.
Am 25. Oktober des gleichen Jahres verkaufte er die Aktien wieder. Die Bank schrieb ihm 21.681,00 € gut. Berechne den Kauf- und Verkaufskurs (Spesen jeweils 1% vom Kurswert).

Lösung 120

Aufgabe 121

- Erstelle die Kaufabrechnung (Spesen 1% vom Kurswert) und bilde den Buchungssatz.
- Bilde den Buchungssatz für die Dividendengutschrift.
- Erstelle die Verkaufsabrechnung (Spesen 1% vom Kurswert) und bilde den Buchungssatz.

	Stückzahl	Bezeichnung	Kaufkurs	Verkaufskurs	Stückdividende
1.	35	Mineralwasser AG	16,60 €	12,50 €	0,00 €
2.	80	Rhein Chemie AG	127,00 €	138,00 €	2,70 €
3.	30	Glaswerk Bayer AG	24,30 €	31,00 €	0,85 €
4.	165	Medien AG	8,40 €	4,70 €	0,20 €

Lösung 121

Lösung 121 (Fortsetzung)

Aufgabe 122

Die Schreinerei Baum erhält folgende Bankabrechnung:

ABRECHNUNG WERTPAPIER-KAUF

FRANKENBANK
Niederlassung Coburg

Frau/Herrn/Firma

Schreinerei
Stefan Baum
Glockenweg 5–7
96450 Coburg

Bank-Nr.:	GP-Nr.:	Depot-Nr.:
02-9645052	09600450	0003060
Depotvermerk		Filiale
		03
Auftrags-Nr.:	Auftragsdatum:	erstellt am:
00023057	11. 04. 20..	13. 04. 20..
Ausführungsplatz/-art:		
Präsenzhandel Frankfurt var.not.		Depotart: Depot B (Kundenbestand)

ISIN	Wertpapierbezeichnung		
DE0007845206	Sporthaus AG		
Nennwert/Stück		ST	90
Kurs/Preis		EUR	???
Handelsdatum			12. 04. 20..
Verrechnung über	Konto 960 450		Wert 12. 04. 20..

Kurswert	EUR	31.932,00
Spesen 1,00%	EUR	319,32
Buchungsgebühr	EUR	15,00
Endbetrag	EUR	32.266,32

Die Wertpapiere und den Gegenwert werden wir entsprechend der Abrechnung am Valutatag buchen.
Bitte prüfen Sie diese Abrechnung auf ihre Richtigkeit und Vollständigkeit.
Etwaige Einwendungen gegen diese Abrechnung müssen unverzüglich nach Zugang bei der Bank erhoben werden.
Kapitalerträge sind einkommensteuerpflichtig. Diese Mitteilung wird nicht unterschrieben.

1. Wie lautet für diesen Beleg der Buchungssatz?
2. Durch einen Eingabefehler der Bank fehlt auf der Abrechnung eine Information (???). Berechne den Kaufkurs der Aktien.
3. Wann wird das Konto der Schreinerei Baum belastet?
4. Die Schreinerei Baum verkauft bereits nach 45 Tagen 30 Aktien der Sporthaus AG zum Kurs von 320,10 €. Bilde den notwendigen Buchungssatz (Spesen 1%).

Lösung 122

Aufgabe 123

Gegeben ist folgender Buchungssatz:

2800 BK	an	5780 DDE	44,00 €

1. Wie lautet der Geschäftsfall?
2. Wie viele Aktien sind es, wenn die Stückdividende 0,40 € beträgt?

Lösung 123

Aufgabe 124

Ein Geschäftsfall führt im Unternehmen Holzbau Rosenheim zu folgendem Buchungssatz:

2800 BK	12.870,00 €			
7460 VAWP	1.270,00 €	an	2700 WP	14.140,00 €

Wie lautet der Geschäftsfall zu diesem Buchungssatz?

Lösung 124

Aufgabe 125

Die Baufirma S. Bauer erwarb Aktien der Sachsentextil AG. In der Bankabrechnung wurde der Stückkurs mit 215,00 € angegeben. Neben den Spesen (1%) wurden 8,10 € Gebühren berechnet. Die Bankbelastung betrug 17.380,10 €.

1. Leider findet Herr Bauer in den Unterlagen keine Einzelheiten zum Kauf der Aktien. Ermittle den Kurswert und die Anzahl der gekauften Sachsentextil-Aktien.
2. Nach zwei Monaten entscheidet sich Herr Bauer für den Verkauf der Aktien zum Kurs von 251,00 € (Spesen 1%). Bilde den Buchungssatz für den Aktienverkauf.

Lösung 125

Lösung 125 (Fortsetzung)

Aufgabe 126

Von den nachstehenden Aussagen zur Geldanlage treffen nur zwei Aussagen zu. Gib die Kennbuchstaben der zwei richtigen Aussagen an.

Aussage	Kennbuchstabe
Die Depotgebühren, die das jeweilige Kreditinstitut für das Aktiendepot erhebt, müssen nicht aktiviert werden.	A
Die Dividende ist abhängig von der Höhe des Kurswertes der Aktie.	B
Der Kursgewinn wird im Konto „2700 WP" im Haben erfasst.	C
Aktien gelten als sichere Geldanlageform.	D
Die Spesen werden als Anschaffungsnebenkosten aktiviert.	E

Lösung 126

Aufgabe 127

Im Unternehmen Müller muss folgendes Rechenblatt programmiert werden. Welche Formeln müssen in die Zellen B12, B13 und B14 eingegeben werden?

	A	B	C	D	E	F
1			Wertpapierabrechnung			
2						
3	EINGABEDATEN					
4		Verkauf				
5	*Wertpapierbezeichnung*	**Lechwerke AG**				
6	*Kurs*	43,50 €				
7	*Stückzahl*	150				
8	*Spesen*	1%				
9	*Gebühren*					
10						
11	ABRECHNUNG					
12	Kurswert					
13	– Spesen					
14	Bankgutschrift					
15						

Lösung 127

Aufgabe 128

Das Unternehmen Kerstin Bauer Schulsoftware (Amberg) erwarb Leipziger Versicherungs-Aktien zur vorübergehenden Geldanlage.

1. Bilde den Buchungssatz für den Kauf der 50 Versicherungsaktien am 01. Februar 20.. zum Kurs von 135,00 € (Spesen 1%).
2. Für den folgenden Beleg muss von dir noch der Buchungssatz erstellt werden.

Kontoauszug Kontonummer: 980 254 Auszug: 022 **Bayernbank Amberg**
IBAN DE72705360000000980254 Datum: 04. 02. 20.. Blatt: 01
BIC BBNKDEFF

Vorgang/Buchungsinformation	Buchung	Wertstellung	Umsatz in Euro
Gutschrift – Dividende für Leipziger Versicherungs AG-Aktien	03. 02.	03. 02.	100,00 +

Bayernbank Amberg · D-92224 Amberg
Kerstin Bauer
Schulsoftware
Richterstr. 20
92224 Amberg

Zahlungseingänge	EUR	100,00 +
Zahlungsausgänge	EUR	0,00 –
Alter Kontostand	EUR	4.325,00 +
Neuer Kontostand	EUR	4.425,00 +

Postanschrift:	Direkt-Service:	Tel.: 0180 30406	Telefax:	09621 6045		
Bayernbank Amberg	Telefon-Banking:	Tel.: 0180 30407	E-Mail:	bayernbank@amberg.xyz		Bankleitzahl
92224 Amberg	Erreichbarkeit:	7x24 Stunden	Internet:	http://www.bayernbank.xyz		705 360 00

3. Nach 225 Tagen werden 30 Aktien der Leipziger Versicherungs AG zum Kurs von 85,60 € verkauft. Bilde den Buchungssatz für den Verkauf (Spesen 1%).

Lösung 128

Aufgabe 129

Der Steuerberater Manfred Graus hat am 10. Januar 100 Stück Aktien des Unternehmens Regioflug AG zum Kurs von 42,50 € erworben (Spesen 1%).

1. Wie lautet der Buchungssatz für den Erwerb der Regioflug AG-Aktien?
2. Herr Graus benötigt das in die Regioflug AG-Aktien angelegte Geld für eine Erweiterung seiner Steuerkanzlei. Er will jedoch die Aktien nur dann verkaufen, wenn er dabei keinen Verlust erleidet. Im Augenblick steht der Kurs bei 44,00 € (Spesen 1%). Kann Herr Graus die Aktien ohne Verlust verkaufen (rechnerische Begründung)?
3. Wie lautet der Buchungssatz für den Verkauf der Aktien zum Kurs von 46,00 € (Spesen 1%)?

Lösung 129

Lösung 129 (Fortsetzung)

Aufgabe 130

Die Architektin Julia Korn verkauft ihre 150 Stück TELEBLICK AG-Aktien zum Kurs von 101,50 €; Spesen 1%. Beim Kauf hatte Julia Korn für die Aktien 14.998,50 € bezahlt.

1. Ermittle rechnerisch, ob Julia Korn mit dieser Geldanlage einen Gewinn erzielt hat.
2. Bei welchem Verkaufskurs würde Frau Korn exakt den Kaufpreis als Verkaufserlös erhalten?

Lösung 130

2.2.6 Effektive Verzinsung

2.2.6.1 Effektive Verzinsung bei Aktien

Aufgabe 131

Das Unternehmen Stahlbau Eisele GmbH (Donauwörth) hatte 320 Donaubahn-Aktien erworben. Die Lastschrift betrug 9.480,00 €. Aufgrund der anhaltenden „Baisse" an der Börse und der schlechten Prognosen (Gewinnerwartung) für die Donaubahn AG entschließt sich die Geschäftsleitung zum Verkauf der Aktien.
Das Unternehmen hat folgenden Beleg von der Stadtbank erhalten:

ABRECHNUNG
WERTPAPIER-VERKAUF

STADTBANK
Niederlassung Donauwörth

Frau/Herrn/Firma
Stahlbau Eisele GmbH
Kirchenweg 67
86609 Donauwörth

Bank-Nr.:	GP-Nr.:	Depot-Nr.:
03-7502002	04896020	0230065
Depotvermerk		Filiale
		03
Auftrags-Nr.:	Auftragsdatum:	erstellt am:
00020508	11. 03. 20..	13. 03. 20..
Ausführungsplatz/-art:		
Präsenzhandel München var.not.		Depotart: Depot B (Kundenbestand)

ISIN	Wertpapierbezeichnung		
DE0007847005	Donaubahn AG		
Nennwert/Stück		ST	320
Kurs/Preis		EUR	30,70
Handelsdatum			12. 03. 20..
Verrechnung über	Konto 223 508 5		Wert 12. 03. 20..

Kurswert	EUR	???
Spesen 1,00%	EUR	???
Endbetrag	EUR	???

Die Wertpapiere und den Gegenwert werden wir entsprechend der Abrechnung am Valutatag buchen.
Bitte prüfen Sie diese Abrechnung auf ihre Richtigkeit und Vollständigkeit.
Etwaige Einwendungen gegen diese Abrechnung müssen unverzüglich nach Zugang bei der Bank erhoben werden.
Kapitalerträge sind einkommensteuerpflichtig. Diese Mitteilung wird nicht unterschrieben.

1. Die Wertpapierabrechnung der Stadtbank erreichte das Unternehmen aufgrund eines Softwarefehlers nur lückenhaft. Erstelle die vollständige Bankabrechnung.
2. Am 06. 02. 20.. wurden von der Donaubahn AG 35 Cent Dividende je Aktie ausgeschüttet. Bilde den Buchungssatz für die noch nicht erfasste Dividendengutschrift.
3. Bilde den Buchungssatz für den Verkauf der 320 Donaubahn-Aktien aufgrund des Beleges.
4. Welche effektive Verzinsung haben wir mit der Donaubahn-Aktie erzielt? Während der Besitzdauer (105 Tage) sind Depotgebühren in Höhe von 12,50 € und Bearbeitungsgebühren in Höhe von 5,00 € angefallen.

Lösung 131

Lösung 131 (Fortsetzung)

Aufgabe 132

Berechne die effektive Verzinsung der Aktien unter Berücksichtigung von Kursänderungen und 1% Spesen vom Kurswert.

	Wertpapier	Kaufkurs	Verkaufskurs	Dividenden	Besitzdauer
1.	Wiener Bank AG	113,00 €	131,00 €	1,20 €	09. 03. 20..–09. 08. 20..
2.	Hochbau AG	27,00 €	47,00 €	0,60 €	210 Tage
3.	Mineralöl AG	48,00 €	42,50 €	0,75 €	152 Tage
4.	Biotech AG	22,50 €	26,80 €	0,60 €	415 Tage

Lösung 132

Lösung 132 (Fortsetzung)

Aufgabe 133

Das Unternehmen Metallbau Geiger GmbH (Hösbach) ist wegen der schlechten Zahlungsmoral in Zahlungsschwierigkeiten gekommen. Deshalb wurden 225 WPW-Aktien (Westfälische Papierwerke AG) verkauft. Metallbau Geiger erwarb die WPW-Aktien vor 90 Tagen (Banklastschrift 4.900,00 €).

1. Erstelle für den folgenden Kontoauszug den notwendigen Buchungssatz.

Kontoauszug Kontonummer: 630 360 Auszug: 018 **Bayernbank Hösbach**
IBAN DE72705300500000630360 Datum: 05. 02. 20.. Blatt: 01
BIC BBNKDEFF

Vorgang/Buchungsinformation	Buchung	Wertstellung	Umsatz in Euro
Gutschrift – Dividende für Westfälische Papierwerke AG-Aktien	04. 02.	04. 02.	135,00 +

Bayernbank Hösbach · D-63768 Hösbach
Metallbau
Geiger GmbH
Mainweg 20
63768 Hösbach

Zahlungseingänge	EUR	135,00 +
Zahlungsausgänge	EUR	0,00 –
Alter Kontostand	EUR	3.210,00 +
Neuer Kontostand	EUR	3.345,00 +

Postanschrift:	Direkt-Service:	Tel.: 0180 30406	Telefax:	06021 50538	
Bayernbank Hösbach	Telefon-Banking:	Tel.: 0180 30407	E-Mail:	bayernbank@hoesbach.xyz	Bankleitzahl
63768 Hösbach	Erreichbarkeit:	7x24 Stunden	Internet:	http://www.bayernbank.xyz	705 300 50

2. Folgende Bankabrechnung erreichte das Unternehmen nur unvollständig. Ermittle den Verkaufskurs der WPW-Aktien.

ABRECHNUNG
WERTPAPIER-VERKAUF

BAYERNBANK
Niederlassung Hösbach

Frau/Herrn/Firma

Metallbau Geiger GmbH
Mainweg 20
63768 Hösbach

Bank-Nr.:	GP-Nr.:	Depot-Nr.:
05-8505000	01250064	000045600
Depotvermerk		Filiale
		23
Auftrags-Nr.:	Auftragsdatum:	erstellt am:
0009408	14. 02. 20..	16. 02. 20..
Ausführungsplatz/-art:		
Präsenzhandel Frankfurt var.not.		Depotart: Depot B (Kundenbestand)

ISIN	Wertpapierbezeichnung		
DE0007841003	Westfälische Papierwerke AG		
Nennwert/Stück		ST	225
Kurs/Preis		EUR	???
Handelsdatum			15. 02. 20..
Verrechnung über	Konto 63 03 60		Wert 16. 02. 20..

Kurswert	EUR	5.276,25
Spesen 1,00%	EUR	52,76
Endbetrag	EUR	5.223,49

Die Wertpapiere und den Gegenwert werden wir entsprechend der Abrechnung am Valutatag buchen.
Bitte prüfen Sie diese Abrechnung auf ihre Richtigkeit und Vollständigkeit.
Etwaige Einwendungen gegen diese Abrechnung müssen unverzüglich nach Zugang bei der Bank erhoben werden.
Kapitalerträge sind einkommensteuerpflichtig. Diese Mitteilung wird nicht unterschrieben.

3. Erstelle den Buchungssatz für den Verkauf der WPW-Aktien.
4. Welche effektive Verzinsung wurde mit den WPW-Aktien erzielt? Während der Besitzdauer sind auch Depotgebühren in Höhe von 15,00 € angefallen.

Lösung 133

Lösung 133 (Fortsetzung)

2.2.6.2 Effektivzinsberechnung (Tabellenkalkulation)

Aufgabe 134

Berechne die effektive Verzinsung der Aktien mithilfe eines Rechenblattes (1% Spesen).

	Wertpapier	Kaufkurs	Verkaufskurs	Dividenden	Besitzdauer
1.	Tiefbau Bayern AG	34,00 €	40,00 €	2,25/1,75 €	450 Tage
2.	Ruhr-Recycling AG	27,00 €	31,00 €	1,30 €	185 Tage
3.	Münchner Bank AG	128,50 €	118,00 €	0,00 €	72 Tage
4.	Softdrink AG	24,50 €	32,55 €	0,40/0,60 €	300 Tage

Aufgabe 135

Herr Taler hat vor knapp zwei Jahren (720 Tage) bei einer Lotterie 50.000,00 € gewonnen. Auf den Rat eines guten Bekannten hin legte er einen Teil des Gewinns in 350 Stück Schwabenzucker AG-Aktien an, deren Kaufkurs 17,90 € betrug (Spesen 1%).

Während der zweijährigen Besitzdauer der Aktien erhielt Herr Taler je Aktie insgesamt 3,00 € an Dividenden. An Depotgebühren fielen insgesamt 25,00 € an.

Herr Taler hat nun die 350 Schwabenzucker AG-Aktien zum Kurs von 22,80 € verkauft (Spesen 1%).

Ermittle mithilfe eines Rechenblattes, ob Herr Taler vor zwei Jahren sein Kapital nicht besser in Aktien (bei gleicher Stückzahl) des Unternehmens NetCom AG angelegt hätte, deren Kurs damals 22,00 € betrug (Spesen 1%) und jetzt bei 27,60 € liegt und die pro Stück insgesamt 6,20 € an Dividende erbracht hätten (Depotgebühren ebenfalls 25,00 €).

Lösung 135

Aufgabe 136

Am 14. 03. 20.. kaufte die Firma Kunststoffwerke Allgäu GmbH über ihre Bank 300 Züricher Versicherungs-Aktien zum Stückkurs von 150,00 € und verkaufte sie wieder am 14. 11. des gleichen Jahres zum Stückkurs von 162,00 €. Die Spesen betrugen jeweils 1% vom Kurswert.

1. Erstelle die Kauf- und Verkaufsabrechnung und die Buchungssätze für die beiden Vorgänge.
2. Berechne die effektive Verzinsung unter Berücksichtigung der Spesen, wenn im Besitzzeitraum eine Stückdividende von 1,50 € ausgeschüttet wurde.
3. Begründe rechnerisch, ob sich das Wertpapiergeschäft lohnte, wenn die Firma am 14. 03. 20.. zum Kauf der Aktien einen Kredit aufnahm, für den 9% Zinsen gezahlt werden mussten.

Lösung 136

Lösung 136 (Fortsetzung)

Aufgabe 137

Erstelle ein anschauliches Diagramm zum Thema: „Die Aktien-Besitzer in Deutschland“. Die Anteile am Aktienbesitz in Deutschland (Ende 2011):

Unternehmen 42,9%, Ausland 21%, Privatpersonen 14,5%, Staat 6,6%, Versicherungen 4,3%, Kreditinstitute 6,6% und Fondsgesellschaften 4,1%. (Quelle: Deutsche Bundesbank)

Lösung 137

Aufgabe 138

Am 11. 06. 20.. kaufte ein Unternehmen 250 Maschinenbau-Aktien. Die Bank belastete das Konto mit 5.558,30 €. Während der Besitzdauer wurden pro Aktie 0,60 € und 0,75 € Dividenden gutgeschrieben.

Nach 660 Tagen wurden die Aktien zu einem Stückkurs von 25,00 € verkauft. An Kosten fielen jeweils 1,06% Spesen vom Kurswert und Depotgebühren von insgesamt 10,00 € an.

1. Berechne den Stückkurs einer Aktie beim Kauf.
2. Erstelle die Verkaufsabrechnung.
3. Erstelle die Buchungssätze für den Kauf und den Verkauf der Aktien.
4. Wie haben sich die Aktien unter Berücksichtigung der Spesen und der Depotgebühren rentiert?

Lösung 138

Aufgabe 139

Die Eigentümerin eines Lederwarenunternehmens hat kurzfristig finanzielle Mittel zur Verfügung. Sie kauft 200 Medizintechnik-Aktien zum Stückkurs von 180,00 €.

1. Erstelle die Abrechnung der Bank, Spesen 1,05% vom Kurswert.
2. Erstelle den Buchungssatz für die Bankabrechnung.
3. Bilde den Buchungssatz für die Dividendengutschrift, 6,00 € je Stück.
4. Zu welchem Kurs müssten die Aktien verkauft werden, wenn ein Kursgewinn von mindestens 3.000,00 € erzielt werden soll? Spesen 1,05% vom Kurswert.
5. Aus betrieblichen Gründen müssen die Aktien schneller als vorgesehen verkauft werden. Die Bankgutschrift beträgt 33.643,00 €. Erstelle den Buchungssatz.

Lösung 139

Aufgabe 140

Werte folgendes Schaubild aus:

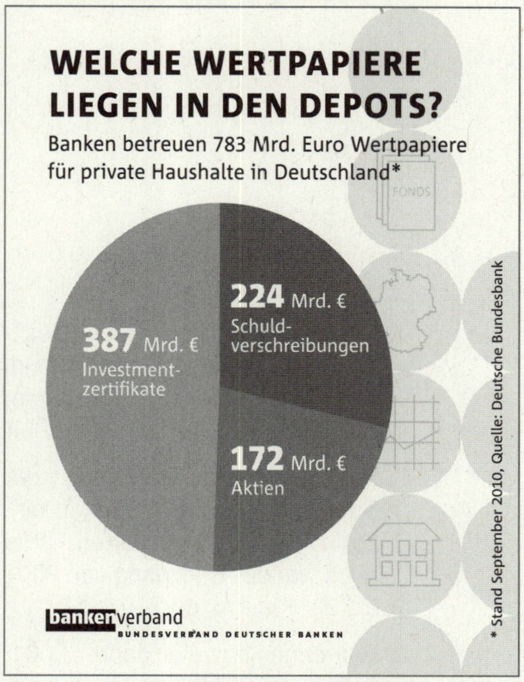

Nach Angaben des Bundesverbandes Deutscher Banken wurden in den Depots der deutschen Privatanleger im Jahr 2010 Mittel im Wert von insgesamt rund 783 Milliarden Euro verwaltet. Die deutsche Kreditwirtschaft betreut für inländische Kunden (institutionelle Investoren wie Versicherungen, Unternehmen oder Staat hinzugezählt) Wertpapiere im Wert von zwei Billionen Euro.

1. Berechne die Prozentanteile der einzelnen Wertpapierarten im Jahr 2010.
2. Berechne den Anteil (%) der Wertpapiere der privaten Haushalte am Gesamtwert aller Wertpapiere.

Lösung 140

Aufgabe 141

Werte folgendes Schaubild aus:

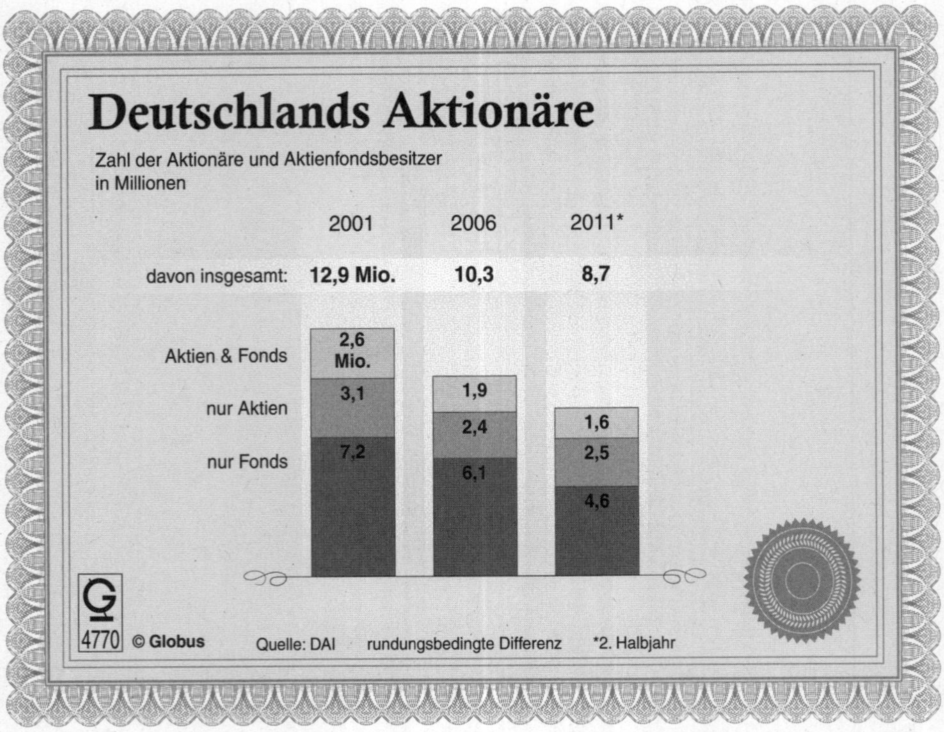

1. Wie hoch war die Zahl der Besitzer von Aktien und Aktienfonds im Jahr 2011? Wie hoch war sie im Jahr 2001?
2. Begründe den Rückgang der Sparer, die ihr Geld direkt in einzelne Aktien investierten. Wie hoch war der Rückgang von 2001 bis 2011 in Prozent?
3. Berechne für die Jahre 2001, 2006 und 2011 den Prozentanteil der Aktionäre, die nur Fonds besitzen.

Lösung 141

Aufgabe 142

Herr Bedächtig hat sich entschlossen, die zurzeit nicht benötigten finanziellen Mittel anzulegen und zwar in folgender Weise:

- 2.500,00 € belässt er auf seinem Sparbuch, Zinssatz 1,5%
- 50.000,00 € als Festgeld zu 4,5%
- 15.000,00 € überweist er auf Tagesgeldkonten, Zinssatz 4%
- 75.000,00 € für den Kauf von Chemie-Aktien, Kurs 34,30 €, zuletzt gezahlte Stückdividende 0,60 €

1. Nenne mögliche Gründe, warum Herr Bedächtig diese Aufteilung gewählt hat.
2. Mit welchem Betrag wird das Bankkonto für den Kauf von 2150 Stück Chemie-Aktien belastet, wenn die Bank 1,06% Spesen vom Kurswert und 10,00 € Buchungsgebühr erhebt?
3. Nach 330 Tagen verkauft Herr Bedächtig die Chemie-Aktien. Führe die Bankabrechnung durch, wenn der Verkaufskurs 35,25 € beträgt (Spesen und Buchungsgebühr wie beim Kauf).

4. Wie hoch war die Effektivverzinsung der Aktien (Stückdividende 0,65 €)?

5. Berechne den Gesamtertrag der vier Kapitalanlagen in 330 Tagen.

6. Beurteile das erreichte Ergebnis von Herrn Bedächtig.

Lösung 142

3 Personalaufwand

3.1 Arbeitgeber – Arbeitnehmer

Aufgabe 143

Benütze bei der Lösung der folgenden Aufgaben auch andere Informationsquellen, z. B. das Lehrbuch für Wirtschaft und Recht.

1. Welche Rechte und welche Pflichten hat der Arbeitgeber nach Abschluss des Arbeitsvertrages?
2. Erkläre den Unterschied zwischen Tarif- und Arbeitsverträgen.
3. Welche Gründe veranlassen ein Unternehmen, dem Arbeitnehmer ein übertarifliches Entgelt anzubieten?
4. Das Inserat der Firma Bauer beinhaltet verschiedene Informationen.

4.1 Es werden freiwillige soziale Leistungen angeboten. Nenne zwei mögliche Beispiele.

4.2 Es werden sehr gute Deutsch- und Englischkenntnisse verlangt. Begründe diese Anforderung der Firma.

5. Besorge dir vom Berufsinformationszentrum (BIZ) oder aus dem Internet Informationen zum Berufsbild des Kaufmanns bzw. der Kauffrau für Bürokommunikation und erstelle ein Info-Blatt (einen Flyer) mit dem Titel: „Wär´ das ein Beruf für dich?“
6. Welche Berufe sind für das Unternehmen Stefanie Bauer deiner Meinung nach noch wichtig?

Lösung 143

3.2 Auswertung einer Verdienstabrechnung

3.2.1 Steuerabzüge

Aufgabe 144

Beantworte folgende Fragen:

1. Welche Behörde ist für die Steueridentifikationsnummer zuständig?
2. Nenne drei Gründe, die Änderungen wegen ihrer Auswirkungen auf die Lohnsteuer notwendig machen.
3. Wer darf diese Änderungen nur vornehmen?
4. Wer stellt die Lohnsteuerbescheinigung aus?
5. In welchen Fällen wird eine Lohnsteuerbescheinigung erstellt?
6. Es gibt insgesamt sechs Steuerklassen. Informiere dich im Anhang des Buches über deren Unterschiede. Entscheide nun. Welche Lohnsteuerklasse trifft zu?

6.1 Herr Baier ist verheiratet. Seine Ehefrau arbeitet zurzeit wegen der beiden kleinen Kinder nicht, sondern führt den Haushalt.

6.2 Frau König ist ledig.

6.3 Frau Wagner ist geschieden. Sie hat das Sorgerecht für ihren minderjährigen Sohn Pascal. Der Sohn ist steuerlich registriert. Es ist keine zweite erwachsene Person in der Wohnung gemeldet.

6.4 Herr Wurm ist Beschäftigter bei der Telekom, seine Ehefrau arbeitet bei der Post. Beide verdienen etwa gleich viel.

6.5 Herr Fleiß ist teilzeitbeschäftigt und in Steuerklasse Drei erfasst. Er nimmt zusätzlich einen Wochenendjob bei einer Tankstelle an.

7. Betrachte nochmals die Gehaltsabrechnung von Manfred Hellstern und überschlage rechnerisch im Kopf.

7.1 Wie viel Prozent seines Bruttogehalts (2.600,00 €) machen ungefähr die gesamten Steuerabzüge aus?

7.2 Wie viel Prozent seines Bruttogehalts beträgt ungefähr sein Anteil an den Sozialversicherungsbeiträgen?

7.3 Berechne die Gesamtabzüge in Prozenten und überprüfe das Ergebnis mit deiner Schätzung.

Lösung 144

Aufgabe 145

1. Lies aus der Steuertabelle auf den Seiten 296 ff. die zutreffenden Lohnsteuer-, Solidaritätszuschlags- und Kirchensteuerbeträge für folgende Mitarbeiter ab und vergleiche sie.

Name	Bruttogehalt	Steuerklasse
Claudia Herzog	2.600,00 €	vier/eins
Martin Huber	2.600,00 €	drei/eins
Irmgard Klug	2.600,00 €	zwei/eins

2. Betrachte die erste Spalte „Brutto ab Euro“ in der Tabelle. Sie beginnt mit 2.580,00 € und endet mit 2.637,00 €. Wie würde sich die Reihe nach 2.637,00 € fortsetzen (drei Beträge genügen)?

Lösung 145

3.2.2 Beiträge zur Sozialversicherung

3.2.3 Lohnbüro

Aufgabe 146

1. Die elektronische Lohnsteuerkarte eines Arbeitnehmers enthält u. a. folgende Angaben:

   Steuerklasse: Eins
   Kinder unter 18 Jahren: –
   Religionszugehörigkeit (für die Ermittlung der Kirchensteuer): ev.
   Geburtsdatum: 12. 10. ...

   Der Arbeitnehmer verdient monatlich brutto 2.610,00 €. Erstelle die Lohnabrechnung und ermittle den Nettolohn. Verwende für die Berechnung der Steuern den Auszug aus der Lohnsteuertabelle im Buch auf den Seiten 128–130 und für die Berechnung der einzelnen Sozialversicherungsbeiträge die Beitragssätze im Buch auf Seite 132, oder – falls du Zugang hast – die aktuellen Daten aus dem Internet.

2. Wie viel Nettolohn würde der Arbeitnehmer im Fall 1 ausbezahlt bekommen, wenn in der elektronischen Lohnsteuerkarte die Steuerklasse „Drei“ und Kinder unter 18 Jahren „Eins“ aufgeführt sind?

3. Ein Arbeitnehmer verdient monatlich brutto 3.300,00 €. Ausbezahlt werden ihm 2.300,00 €. Der Arbeitnehmeranteil zur Sozialversicherung beträgt 680,00 €, der Arbeitgeberanteil 650,00 €. Erstelle am PC ein (wenn möglich farbiges) Balkendiagramm, aus dem der Unterschied zwischen Brutto- und Nettoverdienst des Arbeitnehmers und der Gesamtaufwand des Arbeitgebers deutlich werden.

Lösung 146

Aufgabe 147

Betrachte das Schaubild und beantworte nachstehende Fragen:

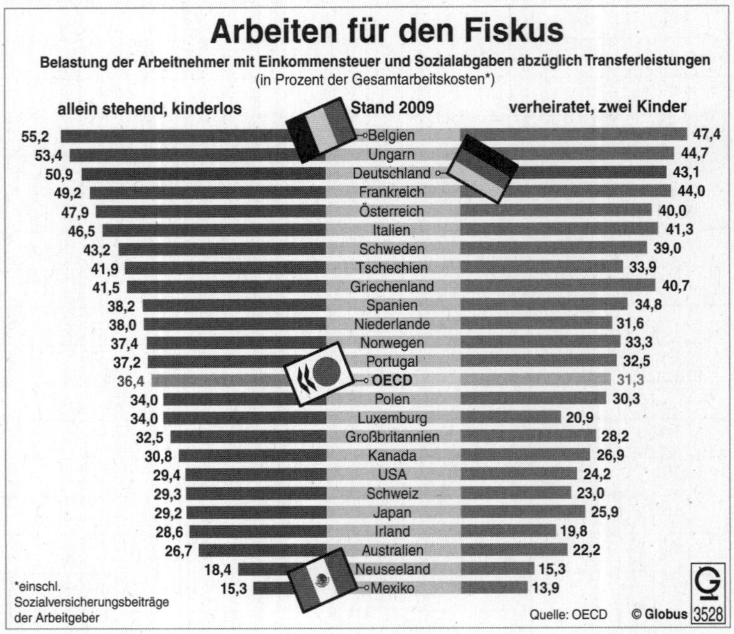

1. Welcher außereuropäische Staat hat die niedrigste Abgabenlast für
1.1 allein stehende, kinderlose Arbeitnehmer?
1.2 verheiratete Alleinverdiener mit 2 Kindern?
2. Welche dieser Staaten sind Mitglieder der EU?
3. Warum werden ledige Arbeitnehmer höher mit Steuern und Sozialabgaben belastet als verheiratete Arbeitnehmer mit Kindern?
4. Welche drei europäischen Staaten sind Spitzenreiter bei der Abgabenbelastung ihrer ledigen Bürger?
5. Welche drei europäischen Staaten belasten ihre verheirateten Arbeitnehmer (mit 2 Kindern) am geringsten?
6. Der ledige Sean Donelly arbeitet am Airport in Dublin und verdient monatlich brutto 2.000,00 €. Er erhält ein Angebot vom Nürnberger Flughafen und würde dort 2.500,00 € brutto verdienen. Begründe rechnerisch, ob sich rein abgabenmäßig für ihn ein Arbeitsplatz- und Wohnsitzwechsel von Dublin nach Nürnberg lohnt.
7. Franz Josef Sailer lebt mit seiner Ehefrau (Hausfrau) und seinen beiden Töchtern in Salzburg. Er verdient im Hotel „Mozart“ monatlich brutto 2.500,00 €. Im 150 km entfernten München könnte er im Hotel „Isartal“ einen Job mit monatlich brutto 3.500,00 € erhalten.
7.1 Begründe rechnerisch, ob er aus rein abgabenbezogenen Überlegungen von Salzburg nach München umziehen sollte.
7.2 Herr Sailer könnte auch täglich von Salzburg nach München mit seinem Pkw pendeln. Wie beurteilst du diese Option?
7.3 Nenne mindestens drei mögliche Gründe für die Beibehaltung des Arbeitsplatzes und Wohnsitzes in Salzburg.

Lösung 147

Lösung 147 (Fortsetzung)

3.3 Buchung des Personalaufwands (Löhne und Gehälter)

Aufgabe 148

Die Summenzeile einer Lohnliste für den Monat März 20.. weist folgende Zahlen aus:[1]

Name	Fam. stand	Steuer- klasse	Bruttolohn	Lohnsteuer (einschl. Soli.)	Kirchen- steuer	Sozialvers. (ANA)	Gesamt- abzüge	Nettolohn	Sozialvers. (AGA)
Summe			**7.500,00 €**	**964,00 €**	**76,00 €**	**1.550,00 €**	**2.590,00 €**	**4.910,00 €**	**1.470,00 €**

Bilde die Buchungssätze für

1. die Lohnzahlung lt. Lohnliste durch Banküberweisung ? €
2. die Banküberweisung der einbehaltenen Lohn- und Kirchensteuer ? €
3. die Banküberweisung der gesamten Sozialversicherungsbeiträge ? €

Lösung 148

[1] In den folgenden Aufgaben werden alle Beträge aus Vereinfachungsgründen auf volle € gerundet.

Aufgabe 149

1. Bilde die Buchungssätze.

1.1 Gehaltsabrechnung lt. Gehaltsliste:

Brutto	38.870,00 €
Abzüge insgesamt (darin Arbeitnehmeranteil zur Soz. Vers. 8.055,00 €)	17.655,00 €
Netto (durch Banküberweisung)	? €
Arbeitgeberanteil	7.609,00 €

1.2 Banküberweisung der einbehaltenen Lohn- und Kirchensteuer 9.600,00 €

1.3 Banküberweisung der Beiträge zur Sozialversicherung ? €

2. Formuliere die Geschäftsfälle.

2.1	4830 VFA	3.110,00 €			
	4840 VSV	8.780,00 €	an	2800 BK	11.890,00 €
2.2	6200 L	22.630,00 €	an	2800 BK	15.130,00 €
				4830 VFA	3.400,00 €
				4840 VSV	4.100,00 €
	6400 AGASV		an	4840 VSV	3.870,00 €

Lösung 149

Aufgabe 150

Aus der Summenzeile einer Gehaltsliste sind dir nur folgende Beträge bekannt:

Summe der Nettogehälter	50.985,00 €
Arbeitnehmeranteile zur gesetzlichen Sozialversicherung	16.515,00 €
Gesamte Abzüge	25.705,00 €

1. Berechne die Summe der Bruttogehälter und die einbehaltene Lohn- und Kirchensteuer.
2. Bilde den Buchungssatz für die Zahlung der Gehälter durch Banküberweisung, der Arbeitgeberanteil zur SV beträgt 15.600,00 €.
3. Am 10. des folgenden Monats wird die Lohn- und Kirchensteuer an das Finanzamt überwiesen.
4. Die Sozialversicherungsbeiträge werden umgehend an die Krankenkasse überwiesen.

Lösung 150

3.4 Buchung der gesetzlichen Unfallversicherung

Aufgabe 151

Bilde die Buchungssätze

1.	Lohnzahlung brutto durch Banküberweisung	14.560,00 €
	einbehaltene Steuern	2.120,00 €
	Arbeitnehmeranteil zur Sozialversicherung	3.080,00 €
	Arbeitgeberanteil zur Sozialversicherung	2.900,00 €
2.	Bescheid der Berufsgenossenschaft, Jahresbeitrag	980,00 €
3.	Banküberweisung der einbehaltenen Steuern	2.120,00 €
4.	Banküberweisung der Sozialversicherungsbeiträge (zu Nr. 1)	? €
5.	Banküberweisung an die Berufsgenossenschaft (siehe Nr. 2)	980,00 €
6.	Bilde die Abschlussbuchungssätze für folgende Konten:	
6.1	Konto 6300 Gehälter, Saldo	43.850,00 €
6.2	Konto 6400 Arbeitgeberanteil zur Sozialversicherung, Saldo	8.830,00 €
6.3	Konto 6420 Beiträge zur Berufsgenossenschaft, Saldo	1.020,00 €
6.4	Konto 4830 Sonstige Verbindlichkeiten gegenüber dem Finanzamt, Saldo	14.370,00 €
6.5	Konto 4840 Verbindlichkeiten gegenüber Sozialversicherungsträgern, Saldo	18.490,00 €

Lösung 151

Aufgabe 152

1. Bilde für die beiden Belege die notwendigen Buchungssätze.

Beleg 1:

Metallbau Gustav Eisele GmbH

Würzburg

Gehaltsliste Nr ....

für den Monat Mai 20..

Summe der Bruttogehälter		54.620,00 €
Abzüge:		
Lohnsteuer mit Solidaritätszuschlag	9.560,00 €	
Kirchensteuer	840,00 €	
Arbeitnehmeranteil zur SV	10.920,00 €	
Summe der Abzüge	21.320,00 €	21.320,00 €
auszuzahlende Gehälter (Banküberweisung)		33.300,00 €
Arbeitgeberanteil zur SV	10.860,00 €	

Beleg 2:

Kontoauszug Kontonummer: 941 211 Auszug: 34 WINZERBANK Würzburg

IBAN DE72711702000000941211 Datum: 02. 06. 20.. Blatt: 01

BIC WBNKDEFF

Vorgang/Buchungsinformation	Buchung	Wertstellung	Umsatz in Euro
– Überweisung Finanzamt Lst, KiSt (Mai)	02. 06.	01. 06.	10.400,00 –
– Überweisung AOK, Soz. Vers. (Mai)	02. 06.	01. 06.	21.780,00 –
– Überweisung Berufsgenossenschaft, Jahresbeitrag 20..	02. 06.	01. 06.	960,00 –

WINZERBANK Würzburg · D-97000 Würzburg

Firma Metallbau
Gustav Eisele
Postfach 1427
97000 Würzburg

Zahlungseingänge	EUR	0,00 +
Zahlungsausgänge	EUR	33.140,00 –
Alter Kontostand	EUR	51.460,00 +
Neuer Kontostand	EUR	18.320,00 +

Postanschrift: WINZERBANK Würzburg 97000 Würzburg | Direkt-Service: Tel.: 0180 904050 | Telefon-Banking: Tel.: 0180 904060 | Erreichbarkeit: 7x24 Stunden | Telefax: 0180 822010 | E-Mail: info@winzerbank.xyz | Internet: http://www.winzerbank.xyz | Bankleitzahl 711 702 00

Lösung 152

3.5 Personalzusatzkosten

Aufgabe 153

Betrachte dieses Schaubild und bearbeite dann die folgenden Aufgaben.

1. Wie viel Prozent vom Direktentgelt (100%) betragen
   - der Arbeitgeberanteil zur Sozialversicherung,
   - die Bezahlung arbeitsfreier Tage,
   - sonstige Personalzusatzkosten,
   - Sonderzahlungen und betriebliche Altersversorgung?

   Erstelle hierzu eine Tabelle für „West“ und „Ost“.
2. Personalzusatzkosten werden oft auch als „Zweiter Lohn“ bezeichnet. Begründe diese Aussage.
3. Dieses Schaubild kannst du am PC in verschiedenen Variationen „nachbauen“ und die Informationen, die es enthält, anschaulich darstellen.

   Stelle das Schaubild in zwei weiteren Variationen dar.
4. Warum erhöhen die Unternehmen bei steigenden Personalzusatzkosten nicht einfach die Preise für ihre Güter?
5. Die (elektronische) Lohnsteuerbescheinigung enthält auch Zeilen für einige Personalzusatzkosten, die der Arbeitgeber aus steuerrechtlichen Gründen bestätigen muss.

   Nenne drei dieser Zusatzkosten.

Lösung 153

Lösung 153 (Fortsetzung)

Aufgabe 154

Beantworte mithilfe des Schaubildes nachfolgende Fragen:

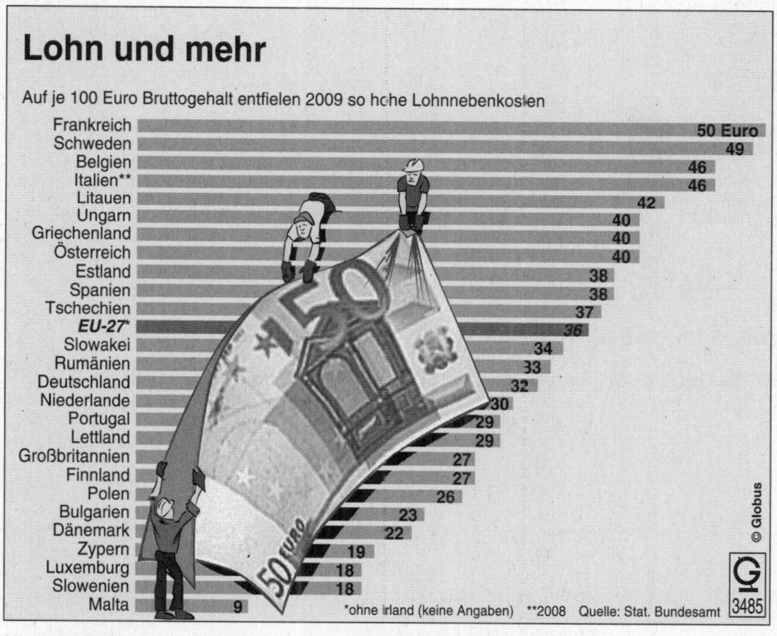

Hinweis: Personalzusatzkosten = Lohnnebenkosten („zweiter Lohn“)

1. Welche Länder haben die höchsten bzw. niedrigsten Lohnnebenkosten im EU-Vergleich?
2. Um wie viel Prozent liegt Deutschland bei den Lohnnebenkosten unter dem EU-Durchschnitt?
3. Welche zwei Posten sind Hauptbestandteile der Lohnnebenkosten?

Lösung 154

Lösung 154 (Fortsetzung)

Aufgabe 155

Betrachte dieses Schaubild und bearbeite die Aufgaben.

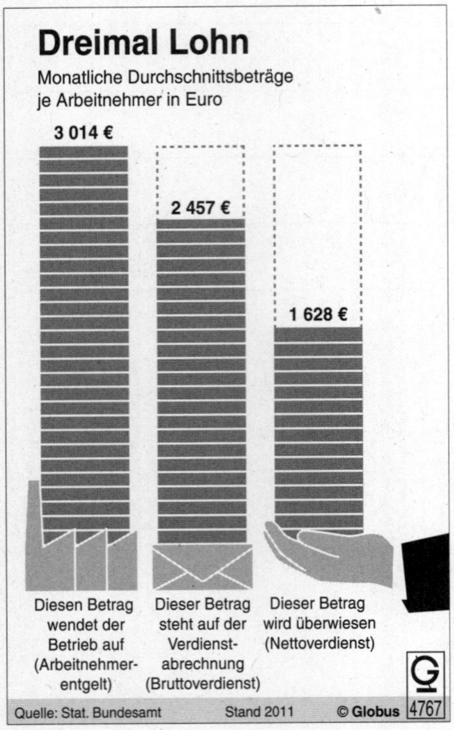

1. Wie viel Prozent der Aufwendungen des Betriebes kommen beim Arbeitnehmer an?
2. Erkläre den „scheinbaren" Widerspruch zwischen hohem Arbeitnehmerentgelt und niedrigem Nettoverdienst.

Lösung 155

Lösung 155 (Fortsetzung)

Aufgabe 156

Das Schaubild zeigt die Veränderung der Personalkosten 2009 gegenüber 2008 in verschiedenen europäischen Staaten.

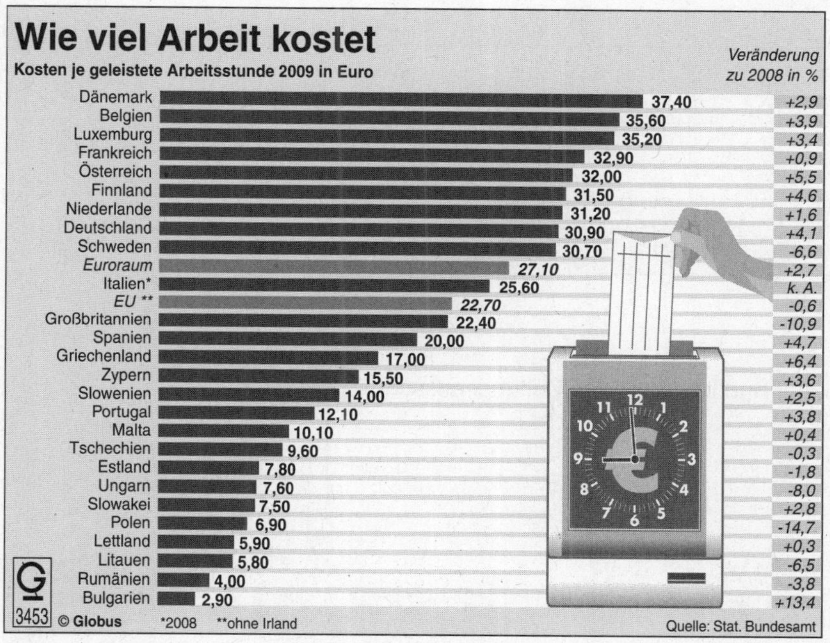

Die Augsburger Maschinenfabrik „AUMA“ produziert u. a. auch Spezialdrehbänke für den Weltmarkt. Für die Herstellung einer Drehbank werden 80 Arbeitsstunden benötigt.

1. Wie hoch sind die Arbeitskosten (gerundet auf volle €) bei einer Produktion

1.1 in Deutschland,

1.2 in Österreich,

1.3 in Italien,

1.4 in Portugal und

1.5 in Rumänien?

2. „AUMA“ denkt über eine Produktion in Spanien nach.

2.1 Wie viel Euro würde das Unternehmen pro Arbeitsstunde und insgesamt sparen, wenn die Drehbank statt in Augsburg in Spanien hergestellt würde?

2.2 Wie hoch wäre die Ersparnis in Prozenten? (auf eine ganze Zahl runden)

3. Berechne die Ersparnis für eine Drehbank in € und in Prozenten bei einer Produktionsverlagerung in den Nachbarstaat Portugal.

Lösung 156

Aufgabe 157

Betrachte folgende Karikatur und lies dazu den Zeitungsausschnitt:

***Bonn** (dpa) – Immer mehr Unternehmen wollen Teile ihrer Produktion ins Ausland verlagern. Grenznahe Regionen sind von dieser „schleichenden Abwanderung“ besonders stark betroffen. Dazu zählt z. B. Baden-Württemberg. Hier sind Verlagerungen nach Frankreich auch wegen dort niedrigerer Umweltschutzanforderungen besonders häufig. In Ostbayern sind Verlagerungen in die Tschechische Republik an der Tagesordnung. Dorthin vergeben auch sächsische Unternehmen gern lohnintensive Fertigungen. In Brandenburg gibt es Verlagerungstendenzen nach Polen. Auch Litauen, Lettland, die Ukraine und Russland spielen bei Standortverlegungen eine zunehmende Rolle.*

1. Der Zeitungsbericht nennt direkt bzw. indirekt Gründe, warum Unternehmen ihre Produktion ins Ausland verlagern. Nenne diese Gründe.
2. Welche Gefahr besteht für den „Standort Deutschland", wenn Unternehmen ihre Produktion verstärkt ins Ausland verlagern?
3. Der frühere deutsche Bundespräsident Roman Herzog sagte:
„Ich bin leidenschaftlich dafür, dass der Sozialstaat erhalten bleibt. Das bedeutet aber, dass wir den anderen Staaten in der technischen Entwicklung voraus sein müssen".

3.1 Erkläre den Zusammenhang zwischen „Sozialstaat" und „Personalzusatzkosten".

3.2 Durch welche Maßnahmen könnten wir unseren technischen Vorsprung sichern? Nenne einige Beispiele.

4. Warum sind Produktionsverlagerungen ins Ausland nicht ohne Risiko? Nenne einige mögliche Risiken.

Lösung 157

Aufgabe 158

Überprüfe die folgenden Aussagen auf ihre Richtigkeit. Addierst du die Zahlen der richtigen Aussagen, so erhältst du als Summe die Zahl 30.

1. Zieht man vom Nettoeinkommen die Abzüge ab, so erhält man das Bruttoeinkommen. 4
2. Die Höhe der Lohnsteuer ist allein vom Bruttogehalt abhängig. 3
3. Die Unfallversicherung zahlt allein der Arbeitgeber. 7
4. Die Beiträge zur Sozialversicherung werden vom Bruttolohn berechnet. 6
5. Die Lohnsteuer berechnet sich nach dem Bruttoentgelt und der Steuerklasse. 5
6. Es gibt sieben Lohnsteuerklassen. 7
7. Das Nettogehalt ist niedriger als das Bruttogehalt. 5
8. Die Personalzusatzkosten sind wegen ihrer Geringfügigkeit zu vernachlässigen. 2
9. Bei Beginn des Arbeitsverhältnisses hat der Arbeitnehmer (ab dem Jahr 2012) seine steuerliche Identifikationsnummer und das Geburtsdatum anzugeben. 4
10. Das Lohnbüro ist zuständig für die Lohn- und Gehaltsabrechnungen der Mitarbeiter. 3
11. Mit der Abführung der einbehaltenen Abzüge kann der Arbeitgeber zwei Monate warten. 4
12. Belgische Arbeitnehmer zahlen weniger Steuern und Sozialabgaben als deutsche Arbeitnehmer (siehe Schaubild Seite 134). 5

Lösung 158

4 Berechnungen und Buchungen im Anlagenbereich

4.1 Anlagenbuchhaltung (Anlagenkartei)

Aufgabe 159

Muster einer Anlagenkarte

Inventarnummer: 420	**Bezeichnung der Anlage:**	**Baujahr:**	20..
Anlagenkonto: 0700	Fertigungslinie	**Anschaffungsdatum:**	02. Januar 20..
Lieferant:	Graf GmbH, Augsburg	**Bestellnummer:** **Garantie:**	14879 2 Jahre
Voraussichtliche Nutzungsdauer:	10 Jahre	**Voraussichtlicher Schrottwert:**	–
Anschaffungskosten:	1.000.000,00 €	**Versicherungswert:**	1.000.000,00 €
Abschreibungen		**Reparaturen**	

Abschreibungen

Jahr	Prozentsatz	Betrag	Buchwert
31. 12. 20..	10%	100.000,00 €	900.000,00 €

Reparaturen

Art	Tag	Euro

Beantworte mithilfe der obigen Anlagenkarte folgende Fragen:

1. Welches Anlagegut wurde angeschafft?
2. Wer ist der Hersteller des Anlagegutes?
3. Wie viele Jahre Garantie gewährt der Hersteller?
4. Mit welcher Nutzungsdauer rechnet das Unternehmen?

Lösung 159

Aufgabe 160

Auf welchen Konten werden folgende Anlagegüter im Unternehmen Stefanie Bauer gebucht?

Telefonanlage, Parkplatz, Verwaltungsgebäude, Lieferwagen, Fräsmaschine, Gabelstapler, Büroschränke, EDV-Anlage, Lagerhalle, Stanzmaschine, Kopiergerät.

Lösung 160

Aufgabe 161

Entscheide ob richtig oder falsch. Stelle die falschen Aussagen richtig.

1. Die Kontenklassen 0 und 1 enthalten das Anlagevermögen.
2. Alle Anlagenkarten bilden die Anlagenkartei.
3. Bank, Kasse, Forderungen und Büroausstattung zählen zum Umlaufvermögen.
4. Die Anlagenkarte enthält auch technische Angaben über das Anlagegut.

Lösung 161

Aufgabe 162

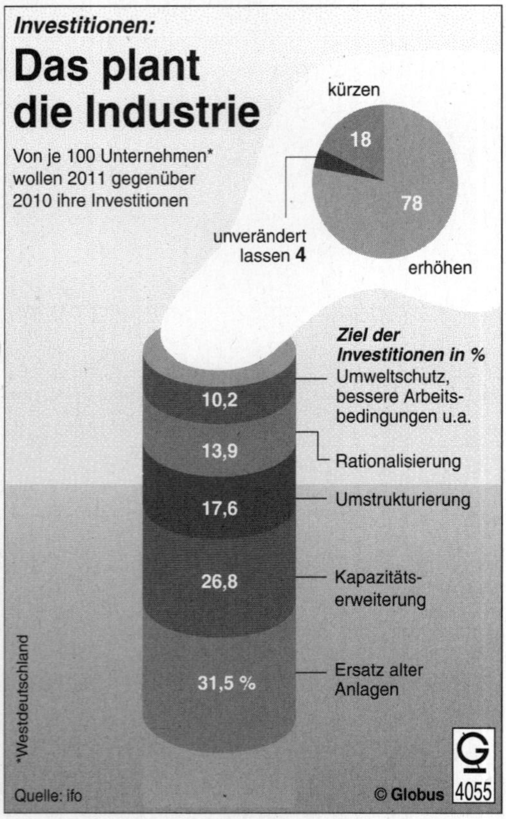

1. Wie viel Prozent der westdeutschen Unternehmen planten im Jahr 2011 eine Erhöhung der Investitionen?
2. Nenne mögliche Gründe für den Rückgang von Investitionen.
3. Welche Investitionsziele kannst du dem Schaubild entnehmen?
4. Erkläre die Investitionsziele mithilfe eines Wirtschaftslexikons.
5. Finde zu jedem Investitionsziel ein mögliches Beispiel im Unternehmen Stefanie Bauer.

Lösung 162

Lösung 162 (Fortsetzung)

4.2 Anschaffungskosten

Aufgabe 163

Das Unternehmen Stefanie Bauer kauft für eine geplante Betriebsvergrößerung ein unbebautes Nachbargrundstück.

Kaufpreis des Grundstücks	350.000,00 €
Maklergebühr, netto	9.500,00 €
Vermessungsgebühren, netto	2.000,00 €
Eintragung ins Grundbuch	1.200,00 €
Notariatskosten, netto	1.750,00 €
Grunderwerbsteuer 3,5%	??? €
Bearbeitungsgebühr für Hypothek	1.250,00 €

Welchen Betrag muss das Unternehmen Stefanie Bauer aktivieren?

Lösung 163

Aufgabe 164

Welche der nachstehend aufgeführten Kosten zählen zu den Anschaffungsnebenkosten?

Verpackung, Zulassungskosten, Transportversicherung, Montagekosten, Frachtkosten, Fundamentierungskosten, Notariatskosten, Überführungskosten, Zölle, Darlehenszinsen, Maklergebühren, Hypothekenzinsen, Gebühren für die Baugenehmigung.

Lösung 164

Aufgabe 165

Kauf einer Sortieranlage zum Listenpreis von 50.000,00 € netto; Transportkosten netto 500,00 €; Montagekosten 5.355,00 € brutto.

1. Ermittle die Anschaffungskosten des Anlagegutes.
2. Auf den Nettopreis der Sortieranlage erhält das Unternehmen nachträglich einen Nachlass von 10% aufgrund eines versteckten Mangels. Wie hoch sind nun die aktivierungspflichtigen Anschaffungskosten?

Lösung 165

Aufgabe 166

Beim Kauf eines Betriebsgrundstückes zum Preis von 250.000,00 € fallen weitere Kosten an: 3,5% Grunderwerbsteuer vom Kaufpreis, Vermessungskosten 3.800,00 € netto, Maklergebühr 10.000,00 € netto, Notariatskosten 2.600,00 € netto, Kosten für die Eintragung in das Grundbuch des zuständigen Amtsgerichts 450,00 €. Für ein Entwässerungsgutachten wurden 1.785,00 € brutto in Rechnung gestellt. Für den Anschluss an den städtischen Kanal schickt uns die Baufirma eine Rechnung über 8.000,00 € + 19% USt.
Für das laufende Quartal werden für das Grundstück an die Gemeinde überwiesen:
Grundsteuer 750,00 €, Kanalbenutzungsgebühren 480,00 €

Entscheide, welche Kosten aktivierungspflichtige Anschaffungsnebenkosten sind und ermittle die Höhe der Anschaffungskosten.

Lösung 166

Lösung 166 (Fortsetzung)

Aufgabe 167

Ein Fertigungsunternehmen kauft eine CNC-Hobel- und Fräsmaschine zu folgenden Bedingungen:
Listenpreis, netto: 80.000,00 €, Sofortrabatt 10%
Der Lieferer berechnet für den Transport der Maschine 800,00 € netto, für das Aufstellen (betoniertes Fundament) 3.200,00 € netto und für die Installation des Programms (Software) 2.650,00 € netto.

Wie hoch sind die Anschaffungskosten in Euro?

Lösung 167

4.3 Buchungen beim Kauf von Anlagegütern

Aufgabe 168

Für betriebliche Zwecke wird ein Kleinlastwagen angeschafft, netto 32.600,00 €. Die Überführungskosten betragen 840,00 € netto.

1. Wie hoch sind die aktivierungspflichtigen Anschaffungskosten?
2. Bilde den Buchungssatz für den Zielkauf.

Lösung 168

Lösung 168 (Fortsetzung)

Aufgabe 169

Zielkauf einer Verpackungsmaschine für netto 50.000,00 €. Der Hersteller gewährt 5% Sonderrabatt, für Transport fallen brutto 2.499,00 €, für Montage 4.500,00 € netto an.

1. Ermittle die Anschaffungskosten.
2. Bilde den erforderlichen Buchungssatz für den Zielkauf der Verpackungsmaschine.
3. Wie lautet der Buchungssatz für die Begleichung der Rechnung durch Banküberweisung?

Lösung 169

Aufgabe 170

Zielkauf einer neuen Fertigungsmaschine

Listenpreis, netto	660.000,00 €
Fracht und Verpackung, netto	4.000,00 €
Kosten für Fundament, netto	16.000,00 €
Kosten für Versorgungsanschlüsse, netto	12.000,00 €
Finanzierung:	
Aufnahme eines langfristigen Kredits bei der Bank in Höhe von	400.000,00 €

1. Bilde den Buchungssatz für den Zielkauf der Maschine.
2. Wie lautet der Buchungssatz für die Bereitstellung des Kredits auf dem Bankkonto?
3. Bilde den Buchungssatz für den ersten Schuldendienst in Höhe von 22.000,00 € einschließlich 2.000,00 € Zinsen.

Lösung 170

Aufgabe 171

Ein Fahrzeughändler stellt uns für den Kauf eines Lastwagens in Rechnung (Eingangsrechnung 3331)

Nettopreis 84.000,00 €, Spezialaufbau 9.000,00 € netto, Sonderlackierung mit Werbeaufschrift 3.000,00 € netto, Anhängerkupplung 1.400,00 € netto, Überführungskosten 1.200,00 € netto, Zulassungskosten 200,00 € netto.

Die Kraftfahrzeugsteuer über 500,00 € und die Haftpflichtversicherung mit 1.250,00 € werden vom Bankkonto abgebucht.

Die erste Tankfüllung über 238,00 € brutto wird bar bezahlt.

1. Ermittle die Anschaffungskosten für den Lastwagen.
2. Bilde die erforderlichen **Buchungssätze**.

Lösung 171

Lösung 171 (Fortsetzung)

Aufgabe 172

Bilde für folgende Geschäftsfälle die Buchungssätze (USt. 19%)

1.	Kauf eines Lieferwagens. Auszug aus der Rechnung Listenpreis, netto + Sonderausstattung, netto + Überführungskosten, netto	 45.000,00 € 15.000,00 € 1.000,00 €
2.	Barzahlung der Zulassungskosten für den Lieferwagen an den Kfz-Händler aus Nr. 1, netto	45,00 €
3.	Barzahlung der Nummernschilder für den Lieferwagen, brutto (siehe Nr. 1)	35,70 €
4.1	Zielkauf eines Grundstücks zur Vergrößerung des Firmengeländes. Kaufpreis	 50.000,00 €
4.2	Grunderwerbsteuer 3,5%, Banklastschrift	? €
4.3	Eingangsrechnung: Maklergebühr 3% von Kaufpreis netto	? €
5.	Die fällige Grundsteuer für das Grundstück siehe Nr. 4 wird vom Bankkonto abgebucht.	125,00 €
6.	Zielkauf einer Maschine: Kaufpreis, netto Kosten für das Fundament, netto Frachtkosten, netto Erstausstattung mit Spezialschmierstoffen, netto	25.000,00 € 1.000,00 € 500,00 € 200,00 €
7.	Kauf eines internetfähigen Kopiergerätes auf Ziel, Listenpreis – Sonderrabatt, 15% + 10 Ersatzpatronen Toner zu netto 40,00 € je Stück	12.000,00 € ? € ? €
8.	Für die Herstellung eines Betonfundamentes zur Aufstellung der Maschine (siehe Nr. 6) stellt der damit beauftragte Handwerksbetrieb in Rechnung, brutto	928,20 €

Lösung 172

Lösung 172 (Fortsetzung)

Aufgabe 173

Beim Kauf eines Verwaltungsgebäudes sind neben dem Kaufpreis Maklergebühren, Notariatskosten, Kosten für die Eintragung ins Grundbuch und Grunderwerbsteuer angefallen. Als weitere Kosten sind Grundsteuer, Kanalbenutzungsgebühren und Müllabfuhr zu entrichten.

1. Welche der anfallenden Kosten zählen nicht zu den Anschaffungsnebenkosten? Begründe deine Antwort.
2. Auf welchen Konten (siehe Nr. 1) werden die Kosten jeweils gebucht?
3. Worin besteht der Unterschied zwischen Grundsteuer und Grunderwerbsteuer?

Lösung 173

Aufgabe 174

Zielkauf einer Fertigungshalle für 400.000,00 €, davon entfallen auf das Grundstück 120.000,00 €. Die Grunderwerbsteuer beträgt 3,5% vom Kaufpreis, die Grundbuch- und Notargebühren betragen 1% des Kaufpreises.

1. Bilde den Buchungssatz für die Aktivierung des Anlagegutes.
2. Wie lautet der Buchungssatz für die Banküberweisung der Gesamtsumme?

Lösung 174

4.4 Buchungen beim Kauf von Geringwertigen Wirtschaftsgütern

4.4.1 Geringwertige Wirtschaftsgüter (Kleingüter)

4.4.2 Geringwertige Wirtschaftsgüter (Sammelposten)

Aufgabe 175

Ordne die nachfolgenden Anlagegüter zu:

Lösung 175

Anlage (Wirtschaftsgut)	Anschaffungskosten			Hochwertige Anlagegüter	Geringwertige Wirtschaftsgüter	
	Brutto USt. 19%	Rabatt (%)	Fracht (€) netto		Kleingüter	Sammelposten
Laptop	1.249,50	5	7,50			
Stehlampe	172,55	---	---			
Schreibtisch	1.213,80	---	---			
Gabelstapler	15.708,00	25	150,00			
Rasenmäher	178,50	---	---			
Computermonitor	165,41	---	12.00			
Reißwolf	1.178,10	---	32,00			
Presslufthammer	654,50	---	22,00			
CD-Player	166,60	---	8,00			
Bürocontainer	4.165,00	10	240,00			
Bohrmaschine	154,70	5	---			
Hochdruckreiniger	190,40	8	7,80			
Mikrowellengerät	208,25	15	---			
Handkreissäge	1.178,10	12	15,00			
Stahlschrank	618,80	8	25,00			
Laserdrucker	177,31	5	8,50			

Aufgabe 176

Kombigeräte mit Druck-, Scan- und Faxfunktion dürfen beim Kauf als Geringwertige Wirtschaftsgüter gebucht werden, Drucker dagegen nicht.

1. Welche Voraussetzungen müssen grundsätzlich erfüllt sein, dass ein Geringwertiges Wirtschaftsgut vorliegt?
2. Welche Voraussetzung erfüllen Drucker nicht?
3. Gib weitere drei Beispiele für Anlagegegenstände an, die Voraussetzungen für GWG nicht erfüllen.

Nutze bei Deiner Entscheidung die Auszüge aus dem Einkommensteuergesetz im Anhang des Buches.

Lösung 176

Lösung 176 (Fortsetzung)

Aufgabe 177

Bilde die Buchungssätze für den Zielkauf von

1. zwei Handbohrmaschinen zu je 172,55 € brutto
2. drei Solar-Taschenrechnern zu je 15,00 € netto
3. Zielkauf einer Handkreissäge mit Sägeblättern für Holz bzw. Metall, zum Nettopreis von 149,00 €, dazu ein Ersatzsägeblatt für Holz, 11,00 € netto.

Lösung 177

Aufgabe 178

Bilde die Buchungssätze:

1. Barkauf einer Schreibtischgarnitur brutto 160,65 €
2. Zielkauf eines Garderobenschrankes, netto 160,00 €, abzüglich 10% Rabatt für Ausstellungsstück.
3. Kauf einer Hängeregistratur zu 370,00 € netto + Versandspesen 5,00 € netto auf Ziel.
4. Zielkauf eines PC für netto 1.600,00 €.
5. Die Eingabetastatur für den PC (siehe 4.) wird im Rahmen einer Sonderaktion in einem Supermarkt für brutto 101,15 € gegen Barzahlung erworben.

6. Zielkauf von 50 Stühlen für einen Konferenzraum, Rechnungsbetrag 6.545,00 €.
7. Barkauf einer Schreibtischlampe in einem Mitnahmemarkt 50,00 € netto.
8. Eingangsrechnung für 10 multifunktionale Taschenrechner, Gesamtpreis 368,90 € brutto.
9. Zielkauf einer neuen Leimpresse, netto 34.500,00 € abzüglich 20% Rabatt, zuzüglich Installationskosten netto 1.800,00 €.
10. Barzahlung für Dieselkraftstoff, brutto 130,90 €.
11. Zieleinkauf einer Papierschneidemaschine für das Büro, netto 145,00 €, Frachtkosten 12,50 € netto.
12. Ein Computermonitor muss durch einen neuen ersetzt werden. Die Eingangsrechnung weist einen Bruttobetrag von 481,95 € aus.
13. Zieleinkauf von drei Druckerpatronen, Nettopreis insgesamt 165,00 €.
14. Kauf von 100 CD-Rohlingen auf Ziel, Gesamtpreis 99,00 € brutto.
15. Zielkauf eines Kombigeräts (Fax, Scanner, Kopierer), brutto 416,50 €.

Lösung 178

Aufgabe 179

1. Wodurch unterscheiden sich Sammelposten und Kleingüter?
2. Nenne jeweils zwei Beispiele für Sammelposten und für Kleingüter im Fertigungsunternehmen Stefanie Bauer.
3. Im Rahmen eines Sonderverkaufs wird ein Monitor für einen PC für 399,00 € brutto und eine Eingabetastatur für 61,50 € netto erworben. Warum werden diese Güter nicht als Geringwertige Wirtschaftsgüter gebucht?

Lösung 179

4.5 Abschreibung auf Anlagen

4.5.1 Ursachen der Abschreibung

Aufgabe 180

Beantworte folgende Fragen:

1. Nenne drei mögliche Ursachen für die Wertminderung bei einem Lieferwagen.
2. Warum tritt bei Grundstücken keine Wertminderung ein?
3. Welche außergewöhnlichen Ereignisse können zu Wertminderungen bei Anlagegütern führen?
4. Welche Auswirkungen haben Wertminderungen bei Anlagegütern auf die Produktion?

Lösung 180

Aufgabe 181

Suche zu folgenden Ursachen für Wertminderungen jeweils ein konkretes Beispiel:

- Technischer Fortschritt
- Nachfrageverschiebungen
- Maßnahmen des Umweltschutzes

Lösung 181

4.5.2 Berechnung der Abschreibung

4.5.2.1 Jährliche Abschreibung

Aufgabe 182

Berechne die fehlenden Werte ohne Taschenrechner.

Anschaffungskosten	Nutzungsdauer	Abschreibungssatz	Jährlicher Abschreibungsbetrag
24.000,00 €	8 Jahre		
60.000,00 €			12.000,00 €
		5%	800,00 €
96.000,00 €		$16\frac{2}{3}$%	
144.000,00 €	12 Jahre		
	40 Jahre		5.000,00 €
	4 Jahre		30.000,00 €
42.000,00 €			14.000,00 €

Lösung 182

Aufgabe 183

Ein Fertigungsunternehmen kauft einen PC für die Verwaltungsabteilung für netto 1.800,00 €.

1. Bilde den Buchungssatz für den Zielkauf.
2. Entnimm die Nutzungsdauer der AfA-Tabelle im Anhang und berechne den Buchwert am Ende des zweiten Jahres.

Lösung 183

Aufgabe 184

Das Unternehmen Stefanie Bauer kauft zu Beginn des Jahres einen neuen Kombiwagen. Die Rechnung des Kfz-Händlers enthält folgende Positionen:
Listenpreis netto 40.000,00 €, Überführungskosten netto 1.950,00 €, Zulassung 50,00 €

1. Wie viel Euro betragen die aktivierungspflichtigen Anschaffungskosten?
2. Bilde den Buchungssatz für den Zielkauf des Kombiwagens.
3. Die betriebsgewöhnliche Nutzungsdauer wird auf 6 Jahre festgelegt. Wie hoch ist der jährliche Abschreibungsbetrag?
4. Berechne den Abschreibungssatz.
5. Mit welchem Betrag wird der Kombiwagen am Ende des 6. Nutzungsjahres abgeschrieben, wenn er noch weitergenutzt wird?

Lösung 184

Lösung 184 (Fortsetzung)

Aufgabe 185

Die Nutzungsdauer für eine Solaranlage wurde auf 10 Jahre festgelegt. Der Buchwert beträgt zu Beginn des 6. Jahres 15.000,00 €.

1. Wie viel Euro beträgt der jährliche Abschreibungsbetrag?
2. Berechne die Höhe der Anschaffungskosten.

Lösung 185

Aufgabe 186

Erkläre folgende Begriffe:

1. Anschaffungsnebenkosten
2. Buchwert
3. Erinnerungswert
4. Anschaffungskosten

Lösung 186

Lösung 186 (Fortsetzung)

Aufgabe 187

Zielkauf eines neuen Lastkraftwagens, Kaufpreis 98.000,00 €, Überführungs- und Zulassungskosten 2.000,00 €, Nutzungsdauer 9 Jahre.

1. Bilde den Buchungssatz für den Zielkauf.
2. Die erste Tankfüllung über 261,80 € brutto wird bar bezahlt. Wie lautet der Buchungssatz?
3. Erstelle den Abschreibungsplan für die ersten vier Nutzungsjahre.

Lösung 187

Aufgabe 188

Nach dreimaliger jährlicher Abschreibung beträgt der Buchwert einer stationären Hobelmaschine 18.281,25 €. Der Abschreibungssatz beträgt 6,25%.

1. Berechne die Höhe der Anschaffungskosten.
2. Bilde den Buchungssatz für den Zielkauf der stationären Hobelmaschine.

Lösung 188

Aufgabe 189

Inventarnummer: 522		Bezeichnung der Anlage:	Baujahr:	20..
Anlagenkonto:	0700	Belüftungsgerät mobil	Anschaffungsdatum:	03. Januar 20..
Lieferant:	Zöller GmbH, Schweinfurt		Bestellnummer: Garantie:	11 999 2 Jahre
Voraussichtliche Nutzungsdauer:	10 Jahre			
Anschaffungskosten:	?????			
Abschreibungen		Reparaturen		

Jahr	Prozentsatz	Betrag	Buchwert
31. 12. 20..	10%	825,00 €	?????
31. 12. 20..	10%	825,00 €	?????

Art	Tag	Euro

1. Ermittle die Höhe der Anschaffungskosten für das Belüftungsgerät.
2. Berechne die fehlenden Buchwerte.
3. Beim Kauf des Belüftungsgerätes sind Frachtkosten in Höhe von 59,50 € brutto angefallen. Wie hoch war der Kaufpreis des Belüftungsgerätes?
4. Die Anlagenkarte enthält wichtige Angaben für die Durchführung der Abschreibung. Nenne zwei für die Berechnung der Abschreibung erforderliche Angaben.

Lösung 189

Lösung 189 (Fortsetzung)

Aufgabe 190

Anlagengegenstand	Anschaffungs-kosten	Buchwert am Ende des 1. Nutzungsjahres	Buchwert am Ende des 2. Nutzungsjahres
Anhänger (Lkw)	99.000,00 €	89.100,00 €	79.200,00 €
Kombiwagen	33.000,00 €	27.500,00 €	22.000,00 €
Personalcomputer	1.200,00 €	800,00 €	400,00 €

Ermittle für den jeweiligen Anlagengegenstand den Abschreibungssatz.

Lösung 190

Lösung 190 (Fortsetzung)

Aufgabe 191

Berechne die Prozentsätze für die Abschreibung. Entnimm die jeweilige Nutzungsdauer der AfA-Tabelle im Anhang.

Anlagegegenstand	Nutzungsdauer	Abschreibung in %
Zeiterfassungsgeräte		
Personalcomputer		
Lastkraftwagen		
Hochdruckreiniger		
mobile Schleifmaschine		

Lösung 191

Aufgabe 192

Die Nutzungsdauer für einen Lastkraftwagen beträgt laut AfA-Tabelle 9 Jahre. Die Anschaffungskosten betrugen 99.000,00 €. Erstelle den Abschreibungsplan für die gesamte Nutzungsdauer unter Verwendung einer geeigneten Grafik.

Lösung 192

4.5.2.2 Zeitanteilige Abschreibung

Aufgabe 193

Ein Süßwarenautomat wurde am 02. 04. 20.. gekauft und am 31. 12. 20.. mit 360,00 € abgeschrieben. Die Nutzungsdauer wurde auf 5 Jahre festgelegt. Berechne die Anschaffungskosten für den Süßwarenautomaten.

Lösung 193

4.5.3 Buchung der Abschreibung

Aufgabe 194

Eingangsrechnung:
Barkauf eines Aktenvernichters für 146,50 € netto, und Staubschutzhülle 4,50 € netto.

1. Ermittle die Anschaffungskosten.
2. Bilde den Buchungssatz für die Anschaffung.
3. Wie lautet die vorbereitende Abschlussbuchung am 31. 12.?
4. Begründe die Abschreibungsbuchung.

Lösung 194

Aufgabe 195

Führe folgende Konten:

0860 BM (AB 8.000,00 €), 0895 SP, 6520 ABSA, 6545 ABSP, 6800 BMK und 8020 GUV.

1. Bilde die Buchungssätze für folgende Geschäftsfälle:

1.1 Barkauf von CD-Rohlingen, netto 55,00 €

1.2 Zielkauf eines Laminiergerätes, brutto 154,70 €

1.3 Eingangsrechnung am 15. 01. ..
mobiles Bürobelüftungsgerät, netto 1.550,00 €
Fahrvorrichtung, netto 50,00 €

1.4 Zielkauf eines Tischkopierers, brutto 487,90 €

2. Trage die Buchungssätze in die Konten ein und schließe die Erfolgskonten unter Berücksichtigung der Abschlussangaben ab.
Abschlussangaben: Abschreibung auf 0860 BM 10%, 0895 SP 20%

3. Ermittle den Jahreserfolg. (Zusatzangaben für das Konto 8020 GUV: Summe „weiterer“ Aufwendungen 123.500,00 €, Summe „weiterer“ Erträge 179.300,00 €.)

Lösung 195

1.

Lösung 195 (Fortsetzung)

2. S 0860 BM H

S 0895 SP H

S 6520 ABSA H

S 6545 ABSP H

S 6800 BMK H

S 8020 GUV H

3. S 8020 GUV H

Aufgabe 196

Auszug aus einer Anlagenkartei:

Maschinen	Datum der Anschaffung	Anschaffungskosten	Nutzungsdauer in Jahren	Buchwert im 2. Jahr
Stationäre Schleifmaschine	10. 02. 20..	7.200,00 €	15	
Verpackungsmaschine	21. 07. 20..	65.000,00 €	13	

1. Errechne für die einzelnen Maschinen die Buchwerte nach einjähriger Nutzung.
2. Bilde den Buchungssatz für die Abschreibung der Maschinen am Ende des 2. Jahres.
3. Wie viel Euro beträgt der Abschreibungsbetrag für die Schleifmaschine am Ende des letzten Abschreibungsjahres, wenn die Schleifmaschine weitergenutzt wird?

Lösung 196

Lösung 196 (Fortsetzung)

Aufgabe 197

Für die folgenden Vorabschlussbuchungen sind die Buchungssätze zu bilden:

1. Abschreibung auf Fuhrpark 25.000,00 €.
2. Abschreibung auf Büromöbel 10% (Anschaffungskosten 18.000,00 €).
3. Abschreibung auf Fabrikgebäude: Abschreibungsbetrag 10.000,00 €.
4. Sammelposten (Geringwertige Wirtschaftsgüter) 20%: Der Bestand auf dem Konto 0895 SP beträgt 7.500,00 €.

Lösung 197

Aufgabe 198

Erkläre die Begriffe Abschreibungen, Kleingut, Geringwertiges Wirtschaftsgut, Sammelposten.

Lösung 198

Aufgabe 199

Ergänze die folgende Abschreibungstabelle (Begriffe und Zahlen):

		15.000,00 €
–	AfA (1. Jahr)	€
		€
–	AfA (2. Jahr)	€
		€
–	AfA (3. Jahr)	€
		1,00 €

Lösung 199

Aufgabe 200

Ein Maschinenbauunternehmen kauft am 15. 04. 20.. eine Stanzmaschine für netto 22.560,00 €. Die Transportkosten betragen 640,00 € netto, die Montagekosten 1.412,00 € netto (19% USt.).

1. Wie hoch sind die aktivierungspflichtigen Anschaffungskosten?
2. Wie lautet der Buchungssatz für den Kauf der Maschine einschließlich Transport und Montagekosten auf Ziel?
3. Wieviel Prozent beträgt der Abschreibungssatz bei einer voraussichtlichen Nutzung von 14 Jahren?
4. Wie lautet die Buchung der Abschreibung am Ende des 1. Jahres?
5. Mit welchem Buchwert steht die Maschine zu Beginn des 3. Nutzungsjahres in der Eröffnungsbilanz?

Lösung 200

Lösung 200 (Fortsetzung)

Aufgabe 201

Am 31. 12. 20.. wurde folgender Buchungssatz erstellt:

6520 ABSA an 0700 MA 14.000,00 €

1. Welcher Geschäftsfall liegt dem Buchungssatz zugrunde?
2. Die Anschaffungskosten für die Maschine beliefen sich auf 168.000,00 €.

2.1 Welche Nutzungsdauer wurde für die Maschine veranschlagt?

2.2 Berechne den Prozentsatz für die Abschreibung.

Lösung 201

Aufgabe 202

Anlagegut	Anschaffungskosten	Nutzungsdauer	Datum der Anschaffung
Betriebsgebäude	5.000.000,00 €	25 Jahre	01. 01. 2007
Folienschweißgerät	52.000,00 €	13 Jahre	30. 01. 2009
Büroschrank	1.820,00 €	13 Jahre	10. 01. 2006
Gabelstapler	54.000,00 €	8 Jahre	24. 01. 2010
Lkw	180.000,00 €	9 Jahre	03. 01. 2010
PC	1.500,00 €	3 Jahre	08. 01. 2011
mobile Fräsmaschine	42.000,00 €	8 Jahre	12. 01. 2008
Stahlschrank	35.000,00 €	14 Jahre	24. 01. 2002

1. Erstelle mithilfe eines Tabellenkalkulationsprogramms die Abschreibungspläne bis zum 31. 12. 2013.
2. Buche die jeweiligen AfA-Beträge zum 31. 12. des Anschaffungsjahres.

Lösung 202

Lösung 202 (Fortsetzung)

____

____

____

____

____

____

____

____

____

____

4.5.4 Betriebswirtschaftliche Auswirkungen der Abschreibungen

4.5.4.1 Abschreibungen dienen der Selbstfinanzierung

Aufgabe 203

Stelle die falschen Aussagen richtig:

1. Die Abschreibungen vermindern die Aufwendungen eines Unternehmens.
2. Bei der Kalkulation der Verkaufspreise werden die Abschreibungen als Kosten eingesetzt.
3. Über die Umsatzerlöse fließen die einberechneten Abschreibungsbeträge an das Unternehmen zurück.
4. Neuanschaffungen werden ausschließlich durch Abschreibungsrückflüsse finanziert.

Lösung 203

____

____

Aufgabe 204

Setze die fehlenden Begriffe in folgendem Text richtig ein.

zurück, Kalkulation, Anlagevermögen, Abschreibungsrückflüssen, Mittel der Finanzierung, Investitionen, Kosten, Umsatzerlöse, Neuanschaffungen, liquiden Mitteln

In der ____________________ der Verkaufspreise der eigenen Erzeugnisse werden die Abschreibungen als ____________ eingesetzt. Über die ______________________ fließen die einkalkulierten Abschreibungsbeträge in Form von __________________________ (Geld) in das Unternehmen __________. Diese Mittel stehen wiederum für __________________________ zur Verfügung. Das Unternehmen finanziert somit die Anschaffung von Sachanlagegütern in erster Linie aus __________________________________. Die Abschreibung stellt damit ein bedeutendes __________________________________ dar.

Abschreibungen bewegen sich in einem Kreislauf. Aus dem ______________________ fließen sie über die Umsatzerlöse in das Umlaufvermögen (Bank) und von dort aus durch ____________________ in das Anlagevermögen zurück.

4.5.4.2 Abschreibungen beeinflussen die gewinnabhängigen Steuern

Aufgabe 205

Die Anschaffungskosten einer Fertigungsmaschine betragen 60.000,00 €, die betriebsgewöhnliche Nutzungsdauer wird auf 15 Jahre festgelegt.

1. Erstelle die Abschreibungstabelle.
2. Berechne die Summe der Abschreibungsbeträge in den ersten vier Nutzungsjahren.
3. Wie hoch ist die Steuerersparnis in diesem Zeitraum bei einem angenommenen Einkommensteuersatz von 40%?

Lösung 205

Aufgabe 206

Ein Industrieunternehmen kauft am 10. 02. 20.. eine Werkzeugmaschine für netto 231.000,00 €. An Montagekosten fallen zusätzlich 9.000,00 € an.

1. Bilde den Buchungssatz für den Zielkauf der Werkzeugmaschine.
2. Erstelle den Abschreibungsplan für die ersten drei Jahre, wenn die Werkzeugmaschine mit $6\frac{2}{3}$% abgeschrieben wird.
3. Bilde die Buchungssätze für die Abschreibung am Ende des 1. und 2. Jahres.
4. Von welcher Nutzungsdauer wird bei der Werkzeugmaschine ausgegangen?
5. Berechne die Steuerersparnis am Ende des 2. Jahres bei einem Einkommensteuersatz von 35%.
6. Nenne fünf weitere gewinnmindernde Aufwendungen in einem Fertigungsunternehmen.

Lösung 206

Aufgabe 207

Aufgrund der gebildeten Abschreibungen in Höhe von 11.200,00 € am 31. 12. ergab sich für ein Fertigungsunternehmen eine Steuerersparnis von 4.256,00 €.

1. Berechne den zugrunde liegenden Einkommensteuersatz.
2. Welche Auswirkungen haben Abschreibungen auf die Steuereinnahmen des Staates?
3. In der Summe der Abschreibungen am 31. 12. sind Abschreibungen auf Maschinen in Höhe von 4.500,00 €, Abschreibungen auf Fuhrpark in Höhe von 5.400,00 € und Abschreibungen auf Büromaschinen mit 760,00 € enthalten. Berechne den Saldo der während des Geschäftsjahres angeschafften Sammelposten (GWG von 150,01 € bis 1.000,00 €).

Lösung 207

Aufgabe 208

Am 31. 12. wurden in einem Fertigungsunternehmen folgende vorbereitende Abschlussbuchungen gebildet.

6545 ABSP	an	0895 SP	590,00 €
6520 ABSA	an	0700 MA	6.300,00 €

1. Berechne den Gesamtwert der angeschafften Sammelposten auf dem Konto 0895 SP in Euro.
2. Wie viel Euro beträgt die Steuerersparnis aufgrund der Abschreibungen, wenn das Unternehmen mit einem Einkommensteuersatz von 33% veranlagt wurde?
3. Zu welcher Art von Konten zählen die Abschreibungskonten?

4. Worin unterscheiden sich Wirtschaftsgüter, die auf Konto 0700 MA gebucht werden von Wirtschaftsgütern, die auf Konto 0895 SP erfasst werden?

Lösung 208

4.6 Verkauf von gebrauchten Sachanlagen

Aufgabe 209

Bilde die erforderlichen Buchungssätze für den Verkauf folgender gebrauchter Anlagegüter, USt. 19%:

1. Verkauf eines gebrauchten Lieferwagens zum Nettopreis von 22.500,00 € auf Ziel. Der Buchwert beträgt 13.500,00 €.
2. Eine nicht mehr benötigte Schleifmaschine, Buchwert 2.700,00 €, wird zum Bruttopreis von 2.142,00 € auf Ziel verkauft.
3. Barverkauf von drei gebrauchten PCs (Buchwert jeweils 1,00 €) an Mitarbeiter zu je 59,50 € brutto.
4. Durch einen Motorschaden ist ein Lieferwagen (Buchwert 3.600,00 €) nicht mehr einsatzfähig. Ein Schrotthändler zahlt noch bar 595,00 € brutto.
5. Zielverkauf eines gebrauchten Gabelstaplers, brutto 1.428,00 €. Das Anlagegut war bis auf 1.500,00 € abgeschrieben.
6. Verkauf eines gebrauchten Kopiergerätes zum Nettopreis von 800,00 € auf Ziel. Das Kopiergerät stand mit 650,00 € zu Buche.

Lösung 209

Lösung 209 (Fortsetzung)

Aufgabe 210

Anlagegut	Anschaffungs-kosten	Jährliche AfA	Buchwert am 31. 12.	ND Jahre	AfA-Satz
stationäre Bohrmaschine	6.600,00 €		4.125,00 €	16	
Kopiergerät		1.500,00 €	1,00 €	7	
Zeiterfassungsgerät	1.248,00 €		624,00 €		12,5%

1. Berechne die fehlenden Werte.
2. Wie lauten die Buchungssätze für den Zielverkauf, wenn folgende Nettoerlöse erzielt wurden?

Bohrmaschine	4.200,00 €	(Verkauf nach 6 Jahren)
Kopiergerät	400,00 €	(Verkauf nach 7 Jahren)
Zeiterfassungsgerät	70,00 €	(Verkauf nach 4 Jahren)

Lösung 210

Lösung 210 (Fortsetzung)

Aufgabe 211

Zielkauf einer Verpackungsmaschine am 15. 05. 20.., netto 49.000,00 €. Der Spediteur stellt für die Anlieferung der Maschine 1.000,00 € netto in Rechnung, die Montagekosten betragen 2.000,00 € netto.

1. Ermittle die Anschaffungskosten für die Maschine.
2. Bilde den Buchungssatz für den Zielkauf der Maschine.
3. Aus der AfA-Tabelle ergibt sich eine betriebsgewöhnliche Nutzungsdauer von 13 Jahren.

3.1 Erstelle einen Abschreibungsplan bei linearer AfA für die ersten fünf Nutzungsjahre.

3.2 Bilde den Buchungssatz für die Abschreibung am Ende des ersten Nutzungsjahres.

3.3 Wie lauten die erforderlichen Buchungssätze für den Zielverkauf der Maschine zu Beginn des sechsten Jahres für netto 15.000,00 €?

Lösung 211

Lösung 211 (Fortsetzung)

Aufgabe 212

Welche Geschäftsfälle liegen folgenden Buchungssätzen zugrunde?

1.	2400 FO	10.115,00 €	an	5410 EAAV	8.500,00 €
				4800 UST	1.615,00 €
	5410 EAAV	8.500,00 €			
	6960 VAVG	500,00 €	an	0840 FP	9.000,00 €
2.	2400 FO	595,00 €	an	5410 EAAV	500,00 €
				4800 UST	95,00 €
	5410 EAAV	500,00 €	an	0860 BM	1,00 €
				5460 EAVG	499,00 €
3.	2400 FO	5.950,00 €	an	5410 EAAV	5.000,00 €
				4800 UST	950,00 €
	5410 EAAV		an	0700 MA	5.000,00 €

Lösung 212

Aufgabe 213

Firma Klein & Groß verkauft im Januar 2011 einen gebrauchten Lieferwagen für 800,00 € über dem Buchwert. Der Bruttoverkaufspreis betrug 28.084,00 €. Der Lieferwagen war im Januar 2009 angeschafft worden.

1. Wie hoch war der jährliche Abschreibungsbetrag, wenn die Nutzungsdauer auf sechs Jahre festgesetzt worden war?
2. Mit welchem AfA-Satz wurde abgeschrieben?
3. Wie hoch waren die Anschaffungskosten?
4. Wie lautete der Buchungssatz für den Zielkauf des Lieferwagens?
5. Wie hoch war die jährliche Steuerersparnis für den Unternehmer bei einem angenommenen Einkommensteuersatz von 40%?
6. Wie lautete die vorbereitende Abschlussbuchung am 31. 12. 2009?
7. Bilde die Buchungssätze für den Verkauf auf Ziel im Januar 2011.

Lösung 213

Aufgabe 214

Ein gebrauchter Lkw wird auf Ziel verkauft, Nettopreis 21.000,00 €. Der Buchwert des Lkw beträgt 27.000,00 €. Das Anlagegut wurde mit jährlich $11\frac{1}{9}\%$ = 9.000,00 € abgeschrieben.

1. Wie hoch waren die Anschaffungskosten des Lkw?
2. Welche Nutzungsdauer wurde für den Lkw veranschlagt?
3. Bilde die Buchungssätze für den Zielverkauf des Lkw.

Lösung 214

Aufgabe 215

Das Unternehmen Christine Weber bezieht am 20. 01. 20.. eine Verpackungsmaschine. Die Anschaffungskosten betragen 65.000,00 € netto. Die betriebsgewöhnliche Nutzungsdauer wird auf 13 Jahre festgelegt.

1. Bilde den Buchungssatz für den Zielkauf der Maschine.
2. Wie lautet der Buchungssatz für die Abschreibung am Ende des ersten Nutzungsjahres?
3. Ermittle die Steuerersparnis am Ende des 2. Nutzungsjahres bei einem angenommenen Einkommensteuersatz von 38%.
4. Wegen einer Produktionsumstellung wird die Maschine nach vier Jahren Nutzungsdauer für brutto 23.800,00 € auf Ziel verkauft. Bilde die erforderlichen Buchungssätze.

Lösung 215

Aufgabe 216

Zielkauf einer mobilen Fräsmaschine am 10. 01. 20.., Nettopreis 42.000,00 €, Montage brutto 2.380,00 €, Transportkosten 1.000,00 € netto. Dieser Vorgang wurde wie folgt gebucht.

0700 MA	40.000,00 €			
2600 VORST	7.600,00 €	an	2800 BK	47.600,00 €

1. Stelle den fehlerhaften Buchungssatz richtig.
2. Die Fertigungsmaschine wird nach fünfjähriger Nutzung für netto 8.500,00 € auf Ziel verkauft. Bilde die erforderlichen Buchungssätze. Die Nutzungsdauer wurde auf 8 Jahre festgelegt.

Lösung 216

4.7 Zusammenfassende Aufgaben

Aufgabe 217

Beantworte folgende Fragen

1. Welches Konto weist den steuerpflichtigen Umsatz beim Verkauf eines gebrauchten Anlagegutes aus?
2. Wie lautet die Fachbezeichnung für das in Frage 1 genannte Zwischenkonto?
3. Was versteht man unter Geringwertigen Wirtschaftsgütern?
4. Welche Sonderregelungen gelten für die Abschreibung von Sammelposten?
5. Auf welchem Konto werden die Kleingüter erfasst?
6. Woraus ist die Nutzungsdauer der Anlagegüter ersichtlich?
7. Was versteht man unter „hochwertigen Anlagegütern"?

8. In welchem Fall muss eine zeitanteilige Abschreibung vorgenommen werden?
9. Nenne zwei betriebswirtschaftliche Auswirkungen der Abschreibung.
10. Was versteht man unter Erinnerungswert?
11. Beim Verkauf von gebrauchten Anlagegütern ergeben sich beim Vergleich des Nettoerlöses mit dem Buchwert drei Möglichkeiten. Nenne diese.
12. Nenne zwei für die Berechnung der Abschreibung wichtige Daten der Anlagekarte.
13. Welches Anlagegut unterliegt keiner Abnutzung?
14. Nenne drei Ursachen für Wertminderungen bei Anlagegütern.

Lösung 217

Aufgabe 218

Bilde die Buchungssätze, Umsatzsteuer 19%

1. Barkauf eines Bürodrehstuhls netto 180,00 €.
2. Kassenbeleg: DVDs und CDs 177,31 € brutto, Kopierpapier 50,00 € netto.
3. Zielverkauf eines gebrauchten Lieferwagens zum Buchwert von 4.500,00 €.
4. Verkauf einer gebrauchten EDV-Anlage auf Ziel brutto 2.380,00 €.

   Buchwert der Anlage 1.200,00 €.
5. Zielverkauf einer gebrauchten Fertigungsmaschine (Buchwert 13.000,00 €) für 13.685,00 € brutto.
6. Auf einer Regionalmesse kauft das Unternehmen Erwin Flott am 01. 03. 20.. eine Verpackungsmaschine, Listenpreis 70.000,00 €, der Hersteller gewährt 10% Messerabatt. Für Transport und Fundament fallen zusät ich Kosten in Höhe von 2.000,00 € netto an.

6.1 Ermittle die zu aktivierenden Anschaffungskosten.

6.2 Bilde den Buchungssatz für den Zielkauf der Verpackungsmaschine.

6.3 Bilde den Buchungssatz für die Abschreibung am Ende des 1. Nutzungsjahres.

7. Anschaffung eines Lastkraftwagens im Januar 107.000,00 € netto, Zulassung 1.000,00 € netto.

7.1 Bilde den Buchungssatz für den Zielkauf des Lastkraftwagens.

7.2 Entnimm der AfA-Tabelle im Anhang die Nutzungsdauer und erstelle den Abschreibungsplan für die ersten drei Jahre.

7.3 Bilde den Buchungssatz für den Zielverkauf des Lastkraftwagens nach drei Nutzungsjahren, Nettoverkaufspreis 65.000,00 €.

8. Beim Barverkauf eines gebrauchten Kopiergerätes, das bereits mit dem Erinnerungswert zu Buche steht, erzielen wir 357,00 € brutto. Bilde die erforderlichen Buchungssätze.

Lösung 218

Lösung 218 (Fortsetzung)

Aufgabe 219

Das Unternehmen **Exdat** besitzt eine veraltete Datenverarbeitungsanlage, die durch eine neue ersetzt und deshalb veräußert werden soll. Für die bisherige Datenverarbeitungsanlage liegt das Rechenblatt einer Tabellenkalkulation vor:

	A	B
1	Bezeichnung:	EDV-Anlage
2	Konto:	0860 BM
3	Inventar-Nr.:	07023
4	Anschaffungsdatum:	20. Januar 2007
5		**AfA**
6	Anschaffungskosten:	105.000,00 €
7	AfA 31. Dez. 2007	15.000,00 €
8	Restwert:	90.000,00 €
9	AfA 31. Dez. 2008	15.000,00 €
10	Restwert:	75.000,00 €
11	AfA 31. Dez. 2009	15.000,00 €
12	Restwert:	60.000,00 €
13	AfA 31. Dez. 2010	15.000,00 €
14	Restwert:	45.000,00 €
15	AfA 31. Dez. 2011	15.000,00 €
16	Restwert:	30.000,00 €
17	AfA 31. Dez. 2012	15.000,00 €
18	Restwert:	15.000,00 €
19	AfA 31. Dez. 2013	14.999,00 €
20	Restwert:	1,00 €

1. Der Abschreibungsbetrag in Zelle B 19 weicht von den anderen Abschreibungsbeträgen ab. Begründe diese Abweichung.
2. Wie viel Prozent beträgt der Abschreibungssatz?
3. Wie lautete der Buchungssatz für den Zielkauf der EDV-Anlage?
4. Überprüfe den verwendeten Abschreibungssatz auf seine derzeitige Gültigkeit!
5. Zur Finanzierung der neuen Datenverarbeitungsanlage muss ein Kredit über 50.000,00 €, Laufzeit 90 Tage, aufgenommen werden. Es liegen zwei Angebote vor:

Goldbank Schweinfurt	Sparbank Würzburg
Zinssatz 9,5%	Zinssatz 10%
Bearbeitungsgebühr 350,00 €	Bearbeitungsgebühr 250,00 €

5.1 Ermittle das günstigere Angebot.
5.2 Bilde den Buchungssatz für die Bereitstellung des günstigeren Kredits auf dem Bankkonto.
5.3 Bilde den Buchungssatz für die Rückzahlung des Kredits einschließlich Zinsen durch Banküberweisung.

6. Wie wird die Abschreibung im Steuerrecht bezeichnet?
7. Berechne die Steuerersparnis im Jahr 2011 aufgrund der Abschreibung bei einem angenommenen Einkommensteuersatz von 39%.
8. Ermittle den Abschreibungsbetrag am 31. 12. 2007, wenn die Datenverarbeitungsanlage drei Monate später angeschafft worden wäre.
9. Welches Gesetzbuch enthält Vorschriften für die Abschreibung auf Anlagen?
10. Die Bundesregierung verlängert die Nutzungsdauer von Anlagen.

10.1 Welche betriebswirtschaftlichen Auswirkungen hat diese Maßnahme?
10.2 Welche Auswirkung hat diese Entscheidung auf den Staatshaushalt?

Lösung 219

Aufgabe 220

Für einen Kombiwagen liegt folgende unvollständig ausgefüllte Anlagenkarte vor:

Bezeichnung:	Konto:	Nutzungsdauer:
Kombiwagen		

Datum:	Anschaffungskosten	AfA-Satz	AfA-Betrag	Restbuchwert
10. 01. 2009		–		
31. 12. 2009	–	$16\frac{2}{3}$%		
31. 12. 2010	–	$16\frac{2}{3}$%		40.000,00 €

1. Auf welchem Konto ist dieses Anlagegut erfasst?
2. Welche Nutzungsdauer wurde für den Kombiwagen angenommen?
3. Wie viel Euro beträgt der jährliche Abschreibungsbetrag?
4. Ermittle die Höhe der Anschaffungskosten netto.
5. Wie lautete der Buchungssatz für die Abschreibung am Ende des ersten Nutzungsjahres?
6. Wie lautete der Buchungssatz beim Zielkauf des Kombiwagens?
7. Der Kombiwagen (Buchwert 47.500,00 €) wurde am 10. 04. 2010 für 39.270,00 € brutto auf Ziel verkauft. Welche Buchungssätze waren erforderlich?

Lösung 220

Aufgabe 221

Für die Anschaffung der computergesteuerten Metallbiege- und Schneidemaschine liegen dem Unternehmen Karl Liebler, Ansbach verschiedene Angebote vor. Die Entscheidung fällt auf das Modell der Firma Otto Münch Maschinenbau, Memmingen. Die Maschine wurde Mitte Januar 2011 geliefert und in Betrieb genommen.

1. Bilde den Buchungssatz für die Eingangsrechnung vom 15. Januar 2011, wenn dieser Beleg unter anderem folgende Angaben enthält.
   - Listenpreis 114.000,00 € netto,
   - berechnete Kosten für Transport und Montage 3.200,00 € netto.
   - Kosten für Installation und Inbetriebnahme 2.800,00 € netto.

2. Für die neue Maschine wird eine Anlagekarte angelegt. Nenne drei mögliche Informationen, die daraus entnommen werden können.

3. Aufgrund der Angaben auf der Anlagenkarte wird folgende Grafik zur Abschreibung der Maschine erstellt:

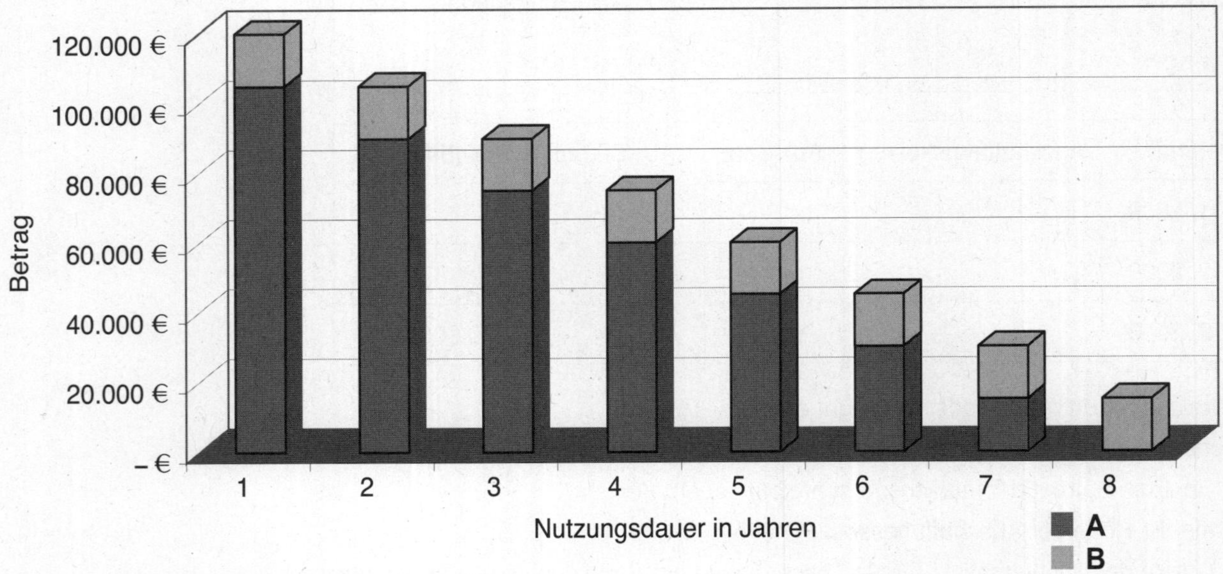

3.1 Wie wird das verwendete Diagramm bezeichnet?

3.2 Nenne die Fachbegriffe, die die Säulen A (grau) und B (hellgrau) in der Grafik darstellen.

4. Ermittle den Abschreibungssatz und berechne den jährlichen Abschreibungsbetrag.

5. Die Maschine wird am Ende des 4. Nutzungsjahres für brutto 71.400,00 € verkauft. Bilde die erforderlichen Buchungssätze für den Zielverkauf.

Lösung 221

Aufgabe 222

HETTINGER MASCHINEN e. Kfm.

Adam-Kraft-Straße 12 • 90455 Nürnberg
Telefon: 0911 75-1 • Telefax: 0911 7550
E-Mail: Info@hettinger.xyz • Internet: www.hettinger.xyz

HETTINGER MASCHINEN e. Kfm. • Adam-Kraft-Straße 12 • 90455 Nürnberg

Firma
Holzbau Rosenheim
Lindenstraße 14–16
83024 Rosenheim

RECHNUNG	
Seite:	1
Rechnungsnummer:	07250
Datum:	27. März 20..
Kundennummer:	04052
Bestellung:	20. März 20..

Menge	Artikel	Einzelpreis in EUR	Gesamtpreis in EUR
1	Handhobelmaschine (perfect)	130,00	130,00
1	Bandschleifmaschine (Turbo)	470,00	470,00
		Warenwert, netto	600,00
		+ 19% Umsatzsteuer	114,00
		Rechnungsbetrag	**714,00**

Die Lieferung der Ware erfolgte am 27. März 20..
Vielen Dank für Ihren Auftrag!

Zahlbar ohne Abzug innerhalb von 30 Tagen rein netto. Die gelieferte Ware bleibt bis zur vollständigen Bezahlung unser Eigentum.
Bankverbindung: Handelsbank Nürnberg • BLZ 760 450 10 • Kontonummer: 703810
A. Hettinger, e. Kfm. • Nürnberg HRA 1581 • USt-IdNr. DE157075610 • Steuer-Nr. 9238/217/14198

1. Die obige Eingangsrechnung wurde wie folgt gebucht:

0895 SP	**130,00 €**			
0700 M	**470,00 €**			
2600 VORST	**114,00 €**	**an**	**4400 VE**	**714,00 €**

1.1 Stelle den fehlerhaften Buchungssatz richtig.

1.2 Worin besteht der Unterschied zwischen „hochwertigen" Wirtschaftsgütern und geringwertigen Wirtschaftsgütern mit der Bezeichnung „Sammelposten"?

2. Das Konto 0895 SP weist folgende Eintragungen aus:

Soll	0895 SP		Haben
4400	590,00		
4400	199,00		
4400	211,00		

2.1 Berechne den Abschreibungsbetrag für die Sammelposten.

2.2 Bilde den Buchungssatz für die Abschreibungen am 31. 12.

2.3 Wie lautet der Buchungssatz für den Abschluss des Kontos 0895 SP?

Lösung 222

Lösung 222 (Fortsetzung)

Aufgabe 223

Ein Spielwarenhersteller kauft am 20. Januar 2011 eine neue Fertigungsmaschine zum Listenpreis von netto 65.000,00 €, abzüglich 10% Rabatt, zuzüglich Transportkosten.

Es wurde folgende Abschreibungstabelle begonnen:

	Abschreibung
Anschaffungskosten – Abschreibung im 1. Jahr	60.000,00 € 6.000,00 €
Buchwert – Abschreibung im 2. Jahr	54.000,00 € 6.000,00 €
Buchwert – Abschreibung im 3. Jahr	48.000,00 € 6.000,00 €

1. Berechne die Höhe der Transportkosten, netto.
2. Wie viele Jahre beträgt die veranschlagte Nutzungsdauer für die Fertigungsmaschine?
3. Berechne den Prozentsatz für die Abschreibung.

Lösung 223

Lösung 223 (Fortsetzung)

Aufgabe 224

Formuliere die Geschäftsfälle zu folgenden Buchungssätzen.

1. 6520 ABSA		an	0860 BM	2.900,00 €
2. 0840 FP	80.000,00 €			
2600 VORST	15.200,00 €	an	4400 VE	95.200,00 €

3. 2400 FO	4.760,00 €	an	5410 EAAV	4.000,00 €
			4800 UST	760,00 €
5410 EAAV	4.000,00 €			
6960 VAVG	250,00 €	an	0700 MA	4.250,00 €
4. 2400 FO	6.545,00 €	an	5410 EAAV	5.500,00 €
			4800 UST	1.045,00 €
5410 EAAV	5.500,00 €			
6960 VAVG	500,00 €	an	0840 FP	6.000,00 €
5. 0895 SP	210,00 €			
2600 VORST	39,90 €	an	4400 VE	249,90 €
6. 6545 ABSP		an	0895 SP	3.200,00 €

Lösung 224

5 Bewertung und Ausfall von Forderungen

5.1 Ursachen und Auswirkungen von Forderungsausfällen

Aufgabe 225

Nenne Gründe, weshalb Unternehmen in Zahlungsschwierigkeiten kommen können.

Lösung 225

Aufgabe 226

Nenne Unternehmen aus der näheren Umgebung, die aufgrund eines abgeschlossenen Insolvenzverfahrens nicht mehr bestehen und finde mögliche Gründe dafür.

Lösung 226

Aufgabe 227

Betrachte die Schaubilder:

1. Berechne die Veränderungen (%) von 2009 auf 2010 bei den Unternehmensinsolvenzen, Schäden und Arbeitsplatzverlusten.
2. Berechne den Schaden je privaten Unternehmensinsolvenzfall, der durch dessen Gläubiger abzuschreiben wäre, wenn 2010 von den insgesamt 35,4 Mrd. Euro voraussichtlich 10,2 Mrd. Euro Unternehmen der öffentlichen Hand betreffen.
3. Welche drei Länder weisen die niedrigste bzw. höchste Insolvenzquote auf?

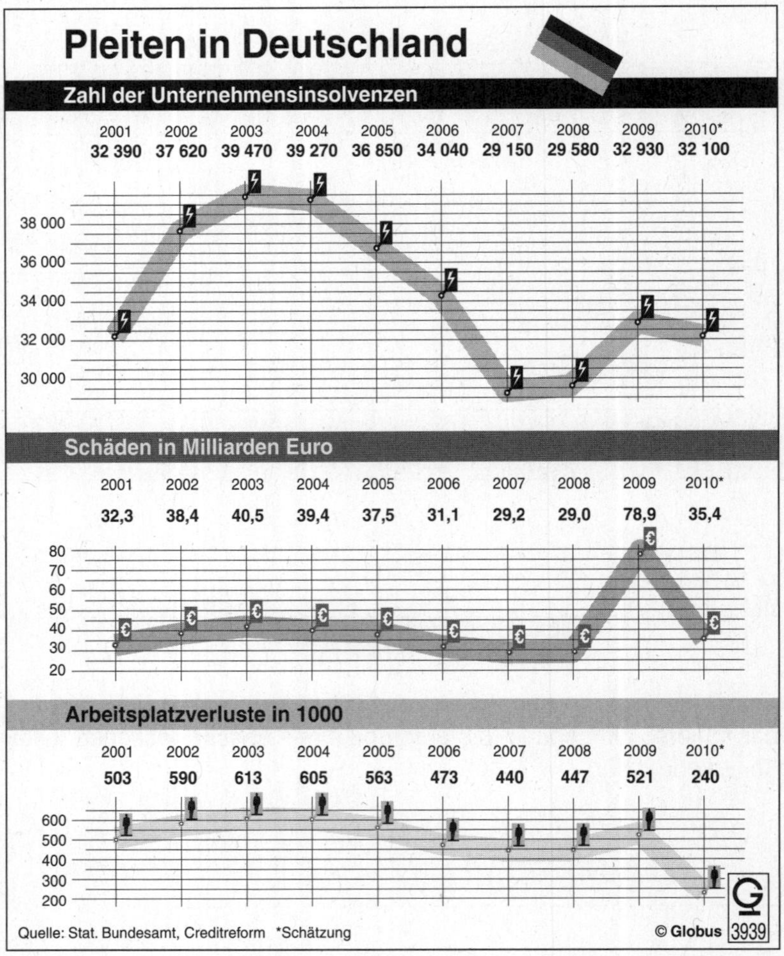

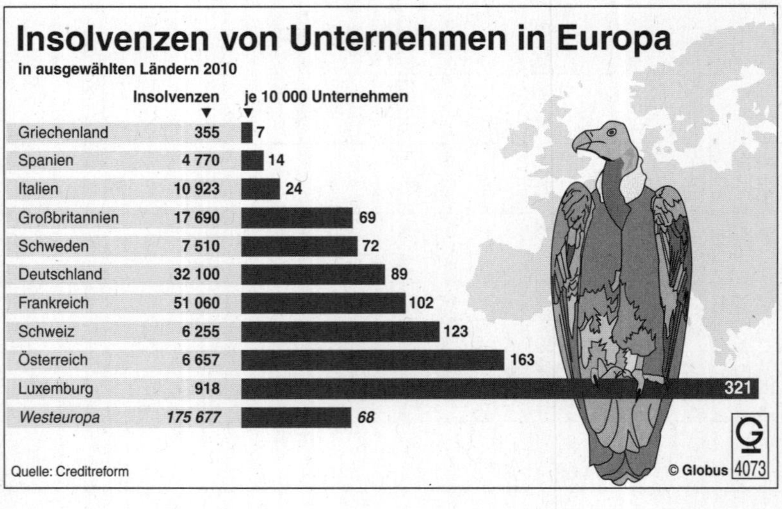

Lösung 227

Lösung 227 (Fortsetzung)

Aufgabe 228

Lies die Informationen zum Insolvenzverfahren und beantworte die nachstehenden Fragen.

Das Insolvenzverfahren

Insolvenzverfahren

Das Insolvenzverfahren dient dazu, Gläubiger eines Schuldners gemeinschaftlich zu bedienen. Dazu wird das noch vorhandene Vermögen des Schuldners verwertet und der Erlös verteilt. Das Insolvenzverfahren kann in einem Insolvenzplan auch Maßnahmen vorsehen, die den Erhalt des Unternehmens zum Ziel haben. Einem redlichen Schuldner gibt das Insolvenzverfahren Gelegenheit, sich von seinen restlichen Verbindlichkeiten zu befreien.

Voraussetzungen

Für alle Insolvenzverfahren sowie alle daraus resultierenden Rechtsstreitigkeiten ist das Insolvenzgericht zuständig. In der Regel ist dies eine Abteilung des Amtsgerichts. Den Antrag auf Eröffnung eines Insolvenzverfahrens kann der Schuldner stellen, wenn er beispielsweise keine Möglichkeiten eines außergerichtlichen Vergleichs mehr sieht. Der Antrag kann aber auch vom Gläubiger gestellt werden, der eine geordnete Abwicklung erreichen will.

Für ein Insolvenzverfahren kommen folgende Gründe in Betracht:

- Zahlungsunfähigkeit
- drohende Zahlungsunfähigkeit
- Überschuldung bei juristischen Personen (= Organisation mit eigener Rechtsfähigkeit, z. B. GmbH, AG)

Ablauf

Stellt der Gläubiger den Antrag, muss er den Insolvenzgrund und das Bestehen einer Forderung gegen den Schuldner glaubhaft machen. Bei Kapitalgesellschaften sind die Vorstände bzw. die Geschäftsführer bei Strafandrohung verpflichtet, innerhalb von drei Wochen einen Insolvenzantrag zu stellen, wenn Zahlungsunfähigkeit oder Überschuldung vorliegen.

Bei der Eröffnung wird in der Regel ein Insolvenzverwalter bestellt. Das Gericht kann aber auch den Schuldner verfügungsbefugt lassen, d. h. der Schuldner führt sein Unternehmen weiter. Der Schuldner wird dann unter die Aufsicht eines Sachverwalters gestellt. Bereits während der Zeit, in der das Insolvenzgericht den Antrag prüft, können durch das Gericht Maßnahmen zur Sicherung des Schuldnervermögens getroffen werden.

Spätestens drei Monate nach der Verfahrenseröffnung entscheidet die Gläubigerversammlung auf der Grundlage eines Berichts des Insolvenzverwalters, ob das Unternehmen liquidiert oder mit dem Ziel der Sanierung fortgeführt wird.

Folgen

Im Falle der **Liquidation** werden alle ungesicherten Gläubiger mit der gleichen Insolvenzquote befriedigt. Die Arbeitnehmer bleiben durch das Insolvenzgeld geschützt, das Lohnausfälle für die Zeit von drei Monaten abdeckt.

Wird das Verfahren **„mangels Masse“** abgelehnt, trägt man den Schuldner in ein besonderes Verzeichnis ein. Diese Eintragung signalisiert die völlige Vermögenslosigkeit. Damit der Schuldner keine Geschäfte machen kann, wird die Firma im Handelsregister gelöscht.

Für die **Sanierung** steht ein „Insolvenzplan“ zur Verfügung. Dieser kann vom Schuldner oder Insolvenzverwalter vorgelegt werden. Ziel des Insolvenzplans ist die Erhaltung, um das Schuldnerunternehmen z. B. durch Stundungen oder Forderungsverzichte der Gläubiger zu sanieren; die Gläubiger stimmen über den Plan ab.

Allgemein gilt, dass der redliche Schuldner aktiv mitarbeiten und insbesondere den Insolvenzverwalter unterstützen sollte. Dies bezieht sich auf die Offenlegung der Schulden, sowie auf Möglichkeiten die Gläubiger zu befriedigen. Das redliche Verhalten lohnt sich, denn damit kann leichter eine Restschuldbefreiung (die Schulden werden erlassen) erlangt werden.

1. Wer kann die Eröffnung eines Insolvenzverfahrens beantragen?
2. Nenne drei Gründe für die Eröffnung eines Insolvenzverfahrens.
3. Welche Stelle ist für die Durchführung eines Insolvenzverfahrens zuständig?
4. Welche Folgen hat die Liquidation des Unternehmens für die Gläubiger und Arbeitnehmer?
5. Ein Insolvenzverfahren wird „mangels Masse“ eingestellt.

5.1 Erkläre diesen Sachverhalt mit eigenen Worten.

5.2 Wodurch wird die weitere Geschäftstätigkeit des Schuldners in diesem Fall unterbunden?

6. Welches Ziel verfolgt der Insolvenzplan?
7. Warum ist es für den Schuldner ratsam, den Insolvenzverwalter zu unterstützen?

Lösung 228

5.2 Zweifelhafte Forderungen

Aufgabe 229

Bilde die Buchungssätze zu folgenden Geschäftsfällen:

1. Kunde Gerstner hat auf drei Mahnungen nicht reagiert. Die Forderung beträgt 32.130,00 €.
2. Von der Firma Wirth, Hof erhalten wir ein Schreiben mit der Bitte, für die Forderung in Höhe von 7.140,00 € einen Zahlungsaufschub von drei Monaten zu gewähren.
3. Ein Scheck unseres Kunden Drossel, Schwarzenfeld, über 10.115,00 € wird nicht eingelöst. Nach Mitteilung der Bank ist der Kreditrahmen überzogen.
4. Kunde Huber hat seine Zahlungen eingestellt. Es wurde die Eröffnung eines Insolvenzverfahrens beantragt. Unsere Forderung beträgt 5.355,00 €.

5. Aus der Zeitung erfahren wir, dass über das Vermögen unseres Kunden Zech ein Insolvenzverfahren eröffnet wurde. Unsere Forderung beträgt 6.842,50 €.
6. Ein langjähriger Kunde ist plötzlich im Ausland untergetaucht. Die Forderung beträgt 3.927,00 €.

Lösung 229

Aufgabe 230

1. Nenne drei mögliche Ursachen, die zu Zahlungsschwierigkeiten in Unternehmen führen können.
2. Seit einigen Jahren können auch für private Haushalte Insolvenzverfahren beantragt werden.

2.1 Finde Gründe für die Zahlungsunfähigkeit in privaten Haushalten.

2.2 Wie kann ein Familienhaushalt Zahlungsschwierigkeiten vermeiden?

2.3 Erkundige dich bei einer Schuldnerberatung über deren Aufgabenfeld und verfasse dazu ein Kurzreferat.

2.4 Sammle statistisches Material zum Thema „Verbraucherinsolvenzen“ und erstelle dazu ein Plakat.

Lösung 230

Aufgabe 231

Schlechtes Management, Fehlinvestitionen und Wirtschaftskrisen können in Unternehmen zu Insolvenzproblemen führen. Finde zu jeder Ursache ein konkretes Beispiel.

Lösung 231

5.3 Forderungsausfälle

5.3.1 Vollständiger Ausfall von zweifelhaften Forderungen

5.3.2 Vollständiger Ausfall von einwandfreien Forderungen

Aufgabe 232

Bilde die Buchungssätze zu folgenden Geschäftsfällen:

1. Kunde Ramstein hat auf drei Mahnungen nicht reagiert. Unsere Forderung beträgt 53.550,00 €.
2. Von der Firma Wirth, Hof erhalten wir ein Schreiben mit der Bitte für die Forderung in Höhe von 3.808,00 € einen Zahlungsaufschub von drei Monaten zu gewähren.
3. Kunde Huber hat seine Zahlungen eingestellt. Es wurde die Eröffnung eines Insolvenzverfahrens beantragt. Unsere Forderung beträgt 10.591,00 €.
4. Aus der Zeitung erfahren wir, dass über das Vermögen unseres Kunden Zech ein Insolvenzverfahren eröffnet wurde. Unsere Forderung beträgt 6.842,50 €.
5. Ein vom Kunden Gerstner beantragtes Insolvenzverfahren wurde mangels Masse eingestellt. Die zweifelhafte Forderung über 3.689,00 € ist uneinbringlich.
6. Der Inhaber der Firma Russer hat sich überraschend ins Ausland abgesetzt. Es wurde ein internationaler Haftbefehl ausgestellt. Es besteht keine Aussicht auf die Begleichung der Forderung in Höhe von 5.117,00 €.
7. Das Insolvenzverfahren unseres Kunden Huber (siehe Nr. 3) wird mangels Masse abgelehnt.
8. Eine bisher sichere Forderung über 4.581,50 € wird überraschend uneinbringlich.
9. Wegen Überschuldung ist die Forderung an Kunde Ramstein (siehe Nr. 1) als uneinbringlich abzuschreiben.
10. Das von der Firma Wirth, Hof (siehe Nr. 2) beantragte Insolvenzverfahren wurde mangels Masse abgelehnt. Das Unternehmen wurde aufgelöst. Die Forderung ist vollständig verloren.

Lösung 232

Aufgabe 233

1. Nenne Gründe für die Uneinbringlichkeit von Forderungen.
2. Uneinbringliche Forderungen müssen abgeschrieben werden. Worin besteht der buchhalterische Unterschied bei der Abschreibung von einwandfreien und zweifelhaften Forderungen?
3. Welcher Betrag des Forderungsausfalls wird auf Konto 6950 ABFO gebucht?
4. Warum muss die Umsatzsteuer beim Forderungsausfall berichtigt werden?

Lösung 233

Aufgabe 234

Bilde die Buchungssätze zu folgenden Geschäftsfällen:

1. Zielverkauf von Fertigerzeugnissen an Kunden *H. Vogt,* netto 12.000,00 €.
2. Aus dem Amtsblatt entnehmen wir folgende Notiz:

> N 42/91.
>
> Über das Vermögen der Firma H. Vogt wurde am 10. März 20.., 12.00 Uhr, das Insolvenzverfahren eröffnet.
>
> Bamberg, 14. März 20..
>
> Amtsgericht – Insolvenzgericht – Bamberg

3. Am 12. Mai erfahren wir, dass das Insolvenzverfahren mangels Masse eingestellt wurde.

Lösung 234

Aufgabe 235

Bilde die Buchungssätze für den Abschluss folgender Konten:

Konto	Soll	Haben
2400 FO	122.000,00 €	31.200,00 €
2470 ZWFO	5.880,00 €	4.988,00 €
6950 ABFO	9.600,00 €	

Lösung 235

5.3.3 Teilweiser Ausfall von zweifelhaften Forderungen

Aufgabe 236

Die Insolvenzverfahren sind bei folgenden Kunden abgeschlossen. Berechne jeweils den tatsächlichen Ausfall der zweifelhaften Forderungen in Prozenten und bilde die Buchungssätze. Die Zahlungseingänge werden auf dem Konto Bank gebucht.

Kunde	Bruttoforderung	Zahlungseingang
Welzer	13.685,00 €	2.142,00 €
Förster	26.894,00 €	8.449,00 €
Klein	1.963,50 €	196,35 €
Altmann	14.684,60 €	6.188,00 €
Braun	5.426,40 €	2.713,20 €

Lösung 236

Lösung 236 (Fortsetzung)

Aufgabe 237

Bilde die Buchungssätze:

1. Über das Vermögen von Kundin Leicht wird ein Insolvenzverfahren eröffnet. Unsere Forderung beträgt 3.094,00 €.
2. Nach Abschluss des Insolvenzverfahrens erhalten wir eine Erstattungsquote von 50% per Bankgutschrift.

Lösung 237

Aufgabe 238

Folgende Insolvenzverfahren wurden im Februar abgeschlossen. Berechne den tatsächlichen Ausfall und bilde die Buchungssätze.

Kunde	Zweifelhafte Forderung (brutto)	Insolvenzquote
G. Knorr	7.497,00 €	10%
H. Körner	6.188,00 €	25%
S. Richter	4.879,00 €	30%
J. Knoll	10.591,00 €	15%
E. Schuster	1.547,00 €	35%
D. Hader	3.451,00 €	40%
S. Schwab	7.973,00 €	25%
A. Hetzel	4.046,00 €	15%

Lösung 238

Lösung 238 (Fortsetzung)

Lösung 238 (Fortsetzung)

Aufgabe 239

1. Der Kunde Müller & Sohn hat seine Zahlungen eingestellt. Unsere Forderung beträgt 9.639,00 €. Bilde den Buchungssatz.
2. Nach Abschluss des Insolvenzverfahrens über das Vermögen von Kunde Müller & Sohn gehen auf dem Bankkonto 2.409,75 € ein. Der Rest ist verloren. Bilde den erforderlichen Buchungssatz.
3. Berechne die Insolvenzquote in Prozenten.

Lösung 239

Aufgabe 240

Nach Abschluss eines Insolvenzverfahrens ergab sich für die zweifelhafte Forderung an Kundin Schönmann folgender Buchungssatz:

2800 BK	2.945,25 €			
6950 ABFO	3.025,00 €			
4800 UST	574,75 €	an	2470 ZWFO	6.545,00 €

Berechne den Zahlungseingang in Prozenten.

Lösung 240

Aufgabe 241

Bilde die Buchungssätze:

1. Kundin Jung gerät in Zahlungsschwierigkeiten. Unsere Forderung beträgt 3.775,17 €.
2. Für eine zweifelhafte Forderung in Höhe von 2.975,00 € gehen 40% auf dem Bankkonto ein. Der Rest ist verloren.
3. Das Insolvenzverfahren über O. Blank wird mangels Masse eingestellt. Unsere Forderung an Blank betrug 4.998,00 €.
4. Kundin Jung (siehe Nr. 1) beantragt ein Insolvenzverfahren. Wie die anderen Gläubiger verzichten wir auf 40% unserer Forderung. Der Restbetrag wird auf dem Bankkonto gutgeschrieben.
5. Zielverkauf von Fertigerzeugnissen an den Gartenmarkt Grün netto 2.500,00 € zuzüglich Verpackung 150,00 € netto.
6. Trotz mehrmaliger Mahnung zahlt das Unternehmen Grün (siehe Nr. 5) nicht.
7. Eine Forderung an den Kunden Kluge in Höhe von 1.190,00 € ist überraschend uneinbringlich geworden.
8. Wir verzichten bei Kunde Grün (siehe 5 u. 6) auf 20% unserer Forderung. Der Restbetrag geht auf dem Bankkonto ein.
9. Kunde Alt gerät in Zahlungsschwierigkeiten. Grund: Überschuldung. Unsere Ausgangsrechnung Nr. 234 über 10.115,00 € an Kunde Alt ist noch nicht beglichen.

Lösung 241

Lösung 241 (Fortsetzung)

5.3.4 Zahlungseingang für eine vollständig abgeschriebene Forderung

Aufgabe 242

1. Für eine vollständig abgeschriebene zweifelhafte Forderung über 1.666,00 € geht wider Erwarten der ganze Betrag auf dem Bankkonto ein.
2. Die Pfändung bei Kunde Stark verlief erfolglos. Unsere Forderung beträgt 6.069,00 €.
3. Kunde Krämer bittet um Zahlungsaufschub. Unsere Ausgangsrechnung für Handelswaren Nr. 112 über 1.785,00 € an Händler Krämer ist noch nicht bezahlt.
4. Noch im gleichen Jahr wird das Insolvenzverfahren über das Vermögen von Kunde Stark (siehe Nr. 2) abgeschlossen. Wir erhalten per Bankgutschrift 1.378,76 €.
5. Kunde Krämer begleicht die Forderung acht Wochen später durch Banküberweisung (siehe Nr. 3).
6. Kunde Kugler gerät in Zahlungsschwierigkeiten. Unsere Forderung beträgt 2.023,00 €.
7. Kugler verschwindet ins Ausland. Wir schreiben die Forderung (siehe Nr. 6) als uneinbringlich ab.
8. Die drei Mahnungen an die Köhler KG verliefen erfolglos. Unsere Forderung beträgt 7.854,00 €.
9. Firma Kugler wird von einem anderen Unternehmen übernommen. Unsere Forderung (siehe Nr. 6 u. 7) geht vollständig auf dem Bankkonto ein.

Lösung 242

Aufgabe 243

Beim Zahlungseingang einer vollständig abgeschriebenen Forderung wurde wie folgt gebucht:

2800 BK	535,50 €	an	5495 EFO	450,00 €
			4800 UST	85,50 €

Wie lautete die vorausgegangene Buchung für die direkte Abschreibung?

Lösung 243

5.4 Bewertung der Forderungen am Jahresende

5.4.1 Bewertung von zweifelhaften Forderungen (Einzelwertberichtigung)

Aufgabe 244

Bei den Arbeiten für den Jahresabschluss der Firma Dieter Kramer sind die auf dem Konto 2470 ZWFO ausgewiesenen zweifelhaften Forderungen einzeln zu bewerten und abzuschreiben.

1. Ermittle den geschätzten Ausfall in Euro.
2. Bilde den Buchungssatz für die indirekte Abschreibung.

Kunde	Zweifelhafte Forderung (brutto)	Geschätzter Ausfall
G. Ellner	14.280,00 €	70%
H. Krappmann	8.925,00 €	50%
J. Glas	4.998,00 €	90%
H. Schörner	1.547,00 €	60%
G. Reissig	4.522,00 €	80%
W. Wirth	6.069,00 €	40%

Lösung 244

Aufgabe 245

Lies die Gesetzestexte und beantworte folgende Fragen:

§ 252 Abs. 1 Nr. 3 HGB:
Die Vermögensgegenstände und Schulden sind zum Abschlussstichtag einzeln zu bewerten.

§ 252 Abs. 1 Nr. 4 HGB:
Es (das Vermögen) ist vorsichtig zu bewerten, namentlich sind alle vorhersehbaren Risiken und Verluste, die bis zum Abschlussstichtag entstanden sind, zu berücksichtigen, . . . Gewinne sind nur zu berücksichtigen, wenn sie bis zum Abschlussstichtag realisiert sind.

§ 253 Abs. 3 HGB:
Bei Vermögensgegenständen des Umlaufvermögens sind Abschreibungen vorzunehmen, um diese mit einem niedrigeren Wert anzusetzen . . .

1. Mit welchem Wert müssen nach § 253 Abs. 3 HGB zweifelhafte Forderungen in der Schlussbilanz angesetzt werden?
2. Die Bestimmungen des § 252 Abs. 1 Nr. 3 und 4 HGB werden als „Grundsatz der kaufmännischen Vorsicht" bezeichnet. Begründe dies mit eigenen Worten.
3. § 252 Abs. 1 Nr. 3 HGB schreibt vor, dass nicht der gesamte Bestand an zweifelhaften Forderungen am Abschlussstichtag zu bewerten ist, sondern jede zweifelhafte Forderung einzeln bewertet werden muss. Was will der Gesetzgeber mit dieser Vorschrift verhindern?

Lösung 245

Aufgabe 246

Die Firma Neubauer hat am 21. 10. die Eröffnung eines Insolvenzverfahrens beantragt. Unsere Forderung beträgt 20.825,00 €. Am Jahresende schätzen wir den Wert der Forderung auf 15%.

1. Bilde den Buchungssatz am 21. 10.
2. Wie lautet der Buchungssatz für die vorbereitende Abschlussbuchung am 31. 12.?
3. Im neuen Jahr gehen für die zweifelhafte Forderung 4.165,00 € auf dem Bankkonto ein. Bilde den Buchungssatz.
4. Berechne den tatsächlichen Forderungsausfall in Prozenten.

Lösung 246

Aufgabe 247

Am Jahresende haben wir für die zweifelhafte Forderung der Firma Rupp aufgrund unserer Bewertung folgende vorbereitende Abschlussbuchung durchgeführt:

6950 ABFO an 3670 EWB 4.536,00 €

Die zweifelhafte Forderung beträgt 6.664,00 €. Berechne den Prozentsatz für die Ausfallschätzung.

Lösung 247

Aufgabe 248

Für eine mit 20% bewertete zweifelhafte Forderung wurde am Jahresende eine Wertberichtigung in Höhe von 1.912,00 € gebildet. Berechne den Betrag der zweifelhaften Forderung.

Lösung 248

Aufgabe 249

Das Konto 2470 ZWFO der Firma Nagel & Söhne weist am Jahresende folgende zweifelhafte Forderungen aus:

Kunde	Zweifelhafte Forderung (brutto)	Geschätzter Ausfall
H. Haselmann	2.737,00 €	60%
O. Werner	5.712,00 €	45%
B. Düsel	7.735,00 €	80%
R. Meyer	3.451,00 €	75%
B. Römhild	6.307,00 €	90%
Z. Schnapp	9.163,00 €	85%
A. Schmidt	9.996,00 €	50%
G. Apfel	2.261,00 €	60%

1. Berechne die notwendige Einzelwertberichtigung.
2. Bilde den Buchungssatz für die summarische Wertberichtigung.
3. Im ersten Quartal des neuen Jahres werden folgende zweifelhafte Forderungen abgeschlossen: Bilde die entsprechenden Buchungssätze:

3.1 Das Insolvenzverfahren über das Vermögen von Kunde Düsel wurde mangels Masse eingestellt. Die Forderung ist uneinbringlich.

3.2 Der Insolvenzverwalter überweist nach Abschluss des Verfahrens Meyer eine Erstattungsquote von 60% auf unser Bankkonto.

3.3 Kundin A. Schmidt überweist 4.998,00 € auf unser Bankkonto. Die Restforderung ist verloren.

4. Kunde Apfel überweist 678,30 € auf unser Bankkonto. Vergleiche den Prozentsatz der Ausfallschätzung mit dem tatsächlichen Ausfall der zweifelhaften Forderung und gib den Unterschied an.

Lösung 249

5.4.2 Anpassung der Einzelwertberichtigung

Aufgabe 250

Aufgrund der Ausfallschätzungen ergibt sich im neuen Geschäftsjahr eine Einzelwertberichtigung in Höhe von 22.650,00 €. Die vorhandene EWB (Vorjahr) beträgt 19.960,00 €. Bilde den Buchungssatz für die vorbereitende Abschlussbuchung.

Lösung 250

Aufgabe 251

Wie lauten die Buchungssätze für die Einzelwertberichtigung am Ende der jeweiligen Geschäftsjahre?

01. 01. 2008	Anfangsbestand 3670 EWB	15.000,00 €
31. 12. 2008	Notwendige EWB	13.500,00 €
31. 12. 2009	Notwendige EWB	17.800,00 €
31. 12. 2010	Notwendige EWB	21.300,00 €
31. 12. 2011	Notwendige EWB	16.200,00 €

Lösung 251

Aufgabe 252

1. Wie sind die zweifelhaften Forderungen am Ende des Geschäftsjahres buchhalterisch zu behandeln?
2. Warum darf bei der Einzelwertberichtigung am Jahresende keine Korrektur der Umsatzsteuer erfolgen?

Lösung 252

Aufgabe 253

Bis zum 31. 12. sind in einem Chemieunternehmen fünf Forderungen zweifelhaft geworden.

Ermittle die erforderliche Einzelwertberichtigung zum Jahresabschluss. Der Anfangsbestand auf dem Konto 3670 EWB beträgt 35.780,00 €.

Kunde	Zweifelhafte Forderung (brutto)	Geschätzter Ausfall
Elastograu AG	11.543,00 €	35%
Pharma GmbH	7.497,00 €	40%
Oktal-Werke	13.387,50 €	80%
BUKA GmbH	15.946,00 €	60%
Bergmeier & Co	22.134,00 €	90%

Lösung 253

Aufgabe 254

Das Konto 2470 ZWFO des Industrieunternehmens Peter Hacker, Kaufbeuren hat am 31. 12. 20.. einen Bestand von 57.893,50 €, der sich aus folgenden zweifelhaften Forderungen zusammensetzt.

Kunde	Zweifelhafte Forderung (brutto)	Geschätzter Ausfall
Maschinenfabrik Graf	13.328,00 €	70%
ATO – Schweißtechnik	10.234,00 €	50%
Kranbau AG	14.875,00 €	80%
Technomatik AG	19.456,50 €	90%

1. Berechne die notwendige Einzelwertberichtigung zum 31. 12. 20..
2. Bilde den Buchungssatz für die EWB am 31. 12. (Anfangsbestand Konto 3670 EWB 38.270,00 €.)
3. Im Januar des neuen Geschäftsjahres werden folgende zweifelhafte Forderungen abgeschlossen. Bilde die Buchungssätze.

3.1. Das Insolvenzverfahren über das Vermögen der Maschinenfabrik Graf wird mangels Masse eingestellt. Die zweifelhafte Forderung ist uneinbringlich.

3.2. Die Kranbau AG überweist 8.925,00 € auf das Bankkonto. Der Rest ist verloren.

4. Der Insolvenzverwalter der Technomatik AG überweist eine Insolvenzquote von 55%. Berechne den Betrag für die notwendige Umsatzsteuerkorrektur.
5. Warum muss die Einzelwertberichtigung jährlich angepasst werden?
6. Bilde den Buchungssatz für den Abschluss des Kontos 3670 EWB.
7. Welche Auswirkungen haben die Abschreibungen aufgrund der Ausfallschätzungen auf den Jahreserfolg?

Lösung 254

Lösung 254 (Fortsetzung)

5.4.3 Bewertung der einwandfreien Forderung

5.4.4 Anpassung der Pauschalwertberichtigung

Aufgabe 255

Beantworte folgende Fragen:

1. Warum muss auch bei den scheinbar sicheren Forderungen eine Abschreibung vorgenommen werden?
2. Weshalb können die scheinbar sicheren Forderungen auf dem Konto 2400 FO nicht einzeln bewertet werden?
3. Erkläre den Unterschied zwischen Einzel- und Pauschalbewertung.

Lösung 255

Aufgabe 256

Am Bilanzstichtag wird ein Forderungsbestand (2400 FO) in Höhe von 386.750,00 € ermittelt. Die Pauschalwertberichtigung wird auf 1% festgesetzt.

1. Wie lautet die Buchung am 31. 12.?
2. Der Forderungsbestand am Jahresende des nächsten Jahres beträgt 374.850,00 €. Die bestehende Pauschalwertberichtigung ist zu überprüfen und dem neuen Forderungsbestand anzupassen.

Lösung 256

Aufgabe 257

Im Steuerbüro Fuchs hat der Auszubildende Wolf am Jahresende folgende Pauschalwertberichtigungen für die aufgeführten Mandanten durchzuführen. Er berechnet den Betrag der Pauschalwertberichtigung und bildet den jeweiligen Buchungssatz.

Mandant	Fa. Geist	Fa. Unger	Fa. Hammer	Fa. Friedrich
Bestand auf 2400 FO	220.150,00 €	304.640,00 €	136.850,00 €	201.110,00 €
vorhandene PWB	4.660,00 €	1.710,00 €	2.400,00 €	1.500,00 €
Pauschalsatz	1%	1%	1%	1%

Lösung 257

Lösung 257 (Fortsetzung)

Aufgabe 258

Am Bilanzstichtag wird im Fertigungsunternehmen K. Klein ein Forderungsbestand in Höhe von 193.375,00 € ermittelt. Die Pauschalwertberichtigung wird auf 1% festgesetzt. Das Konto 3680 PWB weist einen Bestand von 4.560,00 € aus.

1. Wie lautet die Buchung am 31. 12.?
2. Im folgenden Jahr müssen zwei als einwandfrei geltende Forderungen ganz abgeschrieben werden. Bilde die erforderlichen Buchungssätze:

Kunde	Forderung
Stahl	6.069,00 €
Arndt	4.641,00 €

3. Der Forderungsbestand am Jahresende des nächsten Jahres beträgt 374.850,00 €. Die bestehende Pauschalwertberichtigung ist zu überprüfen und dem neuen Forderungsbestand anzupassen.

Lösung 258

Aufgabe 259

Ordne folgende Begriffe und Konten den einwandfreien Forderungen bzw. den zweifelhaften Forderungen zu:
Einzelwertberichtigung, allgemeines Ausfallrisiko, 3680 PWB, konkretes Ausfallrisiko, 3670 EWB, Pauschalwertberichtigung

Lösung 259

Aufgabe 260

Der gesamte Forderungsbestand wird zum Jahresende überprüft.

1. Ermittle jeweils die geschätzten Ausfälle in Euro.
2. Bilde die Buchungssätze für die indirekten Abschreibungen.

	1.	2.	3.	4.
Forderungsbestand 2470 ZWFO	24.395,00 €	29.274,00 €	45.220,00 €	32.130,00 €
Kunde A	7.378,00 €	11.067,00 €	15.232,00 €	9.163,00 €
geschätzter Ausfall	60%	70%	90%	40%
Kunde B	10.115,00 €	5.831,00 €	19.516,00 €	16.541,00 €
geschätzter Ausfall	40%	55%	50%	60%
Kunde C	6.902,00 €	12.376,00 €	10.472,00 €	6.426,00 €
geschätzter Ausfall	50%	30%	80%	75%
EWB des Vorjahres	0,00 €	10.100,00 €	29.750,00 €	18.300,00 €
Forderungsbestand 2400 FO	261.800,00 €	565.250,00 €	434.350,00 €	773.500,00 €
PWB	1%	1%	1%	1%
PWB des Vorjahres	6.350,00 €	3.520,00 €	17.400,00 €	5.300,00 €

Lösung 260

Lösung 260 (Fortsetzung)

Aufgabe 261

Der Bestand an einwandfreien Forderungen beträgt am 31.12. 117.334,00 €. Aufgrund der Ausfallschätzung wurde wie folgt gebucht:

6950 ABFO	an 3680 PWB	986,00 €

Berechne den Prozentsatz für die Pauschalwertberichtigung.

Lösung 261

Aufgabe 262

Am Jahresende wurden die einwandfreien Forderungen pauschal mit 1% abgeschrieben. Berechne den Gesamtbetrag der Forderungen unter Berücksichtigung der Eintragungen in den nachstehenden Konten.

S	3680 PWB		H
5450	900,00	8000	4.500,00

S	5450 EAWB		H
		3680	900,00

Lösung 262

5.5 Möglichkeiten der Absicherung von Forderungen

Aufgabe 263

Beantworte folgende Fragen:

1. Nenne drei Vorteile der Forderungsabtretung eines Unternehmens an ein Factoringinstitut.
2. Inwiefern erhöht Factoring die Liquidität eines Unternehmens?

Lösung 263

Aufgabe 264

Ein Factoringinstitut nennt in einer Werbeanzeige u. a. folgende Finanzierungsvorteile:

1. Nutzung sämtlicher Skontierungsmöglichkeiten bei Ihrem Lieferanten durch permanenten Liquiditätseffekt.
2. Verringerung Ihres Forderungsbestandes und Zinseinsparung durch sachliches und konstantes Mahnen.
3. Expansions-Entscheidungen problemlos durch die umsatzkongruente Finanzierungs-Funktion von Factoring.
4. Sicherheit – durch die Übernahme des 100%igen Ausfallrisikos bei Zahlungsunfähigkeiten Ihrer Kunden.
5. Sicherheit – die bei der Selektion neuer Abnehmerkreise zum Tragen kommt.

Erkläre diese Aussagen mit eigenen Worten. Verwende bei Bedarf ein Fremdwörterbuch oder ein Wirtschaftslexikon.

Lösung 264

5.6 Zusammenfassende Aufgaben

Aufgabe 265

Beantworte folgende Fragen:

1. Wodurch unterscheiden sich einwandfreie, zweifelhafte und uneinbringliche Forderungen?
2. Was versteht man unter: Insolvenz, Insolvenzquote, Factoring?
3. Warum muss bei Forderungsausfällen die Umsatzsteuer korrigiert werden? Vergleiche diesen Fall mit der Umsatzsteuerkorrektur bei Nachlässen.
4. Worin unterscheidet sich die direkte Abschreibungsmethode von der indirekten Abschreibung?
5. Warum darf bei der Wertberichtigung von Forderungen am Jahresende die Umsatzsteuer noch nicht korrigiert werden?
6. Zeige die Unterschiede von einwandfreien Forderungen und zweifelhaften Forderungen hinsichtlich des
   - Risikos
   - der Wertberichtigung am Jahresende auf.
7. Ordne folgende Konten in nachfolgendem Text ein:
   5495 EFO, 6950 ABFO, 3670 EWB, 5450 EAWB, 3680 PWB

   Eine Forderung wird uneinbringlich ____________, Eingang einer vollständig abgeschriebenen Forderung ____________, Pauschalwertberichtigung ____________, Einzelwertberichtigung ____________, Herabsetzung von Wertberichtigungen ____________.

Lösung 265

Lösung 265 (Fortsetzung)

Aufgabe 266

Das Konto 2470 ZWFO eines Industrieunternehmens für Maschinenbau weist am 31. 12. einen Bestand von 57.893,50 € aus, der sich aus folgenden zweifelhaften Forderungen zusammensetzt:

Kunde	Zweifelhafte Forderung (brutto)	Geschätzter Ausfall
Ernst Graf	13.328,00 €	70%
Voll – Schweißtechnik	10.234,00 €	50%
Kran AG	14.875,00 €	80%
Köhler Druck AG	19.456,50 €	90%

1. Berechne die notwendige Einzelwertberichtigung und bilde den Buchungssatz. Der Anfangsbestand von Konto 3670 EWB beträgt 18.585.00 €.
2. Welche Buchungen ergeben sich im nächsten Jahr für folgende zweifelhafte Forderungen?

2.1 Das Insolvenzverfahren über das Vermögen der Firma Ernst Graf ist abgeschlossen. Die Insolvenzquote von 22% wurde am 20. 01. dem Bankkonto gutgeschrieben.

2.2 Das Insolvenzverfahren über das Vermögen der Firma Voll Schweißtechnik wurde mangels Masse eingestellt. Die Forderung ist nun uneinbringlich.

2.3 Das im Vorjahr von der Kran AG beantragte Insolvenzverfahren ist inzwischen abgewickelt. Die Bankgutschrift des Insolvenzverwalters in Höhe von 2.975,00 € erfolgte am 17. 08.

2.4 Vom Insolvenzverwalter der Köhler Druck AG wird als Schlusszahlung am 17. 11. ein Betrag über 2.425,14 € auf das Bankkonto überwiesen.

Lösung 266

Aufgabe 267

Im Kundenbereich einer Chemie AG ereignen sich innerhalb eines Geschäftsjahres nachstehende Geschäftsfälle. Bilde dazu die erforderlichen Buchungssätze.

1. Der Kunde Kraus & Lechner GmbH hat auf mehrere Mahnungen nicht reagiert. Aus der Tageszeitung wird bekannt, dass der Kunde die Eröffnung eines Insolvenzverfahrens beantragt hat. Die Forderung beträgt 17.850,00 €.
2. Der Kunde Frosch teilt mit, dass er beim Amtsgericht die Eröffnung eines Insolvenzverfahrens beantragt hat. Forderungsbetrag 49.980,00 €.
3. Nach mehreren erfolglosen Mahnungen wird beim Amtsgericht gegen den Kunden Aigner ein Mahnbescheid beantragt. Laut Mitteilung einer Auskunftei befindet sich der Kunde in Zahlungsschwierigkeiten. Forderungsbetrag 14.280,00 €.
4. Das Insolvenzverfahren (Nr. 1) wird mangels Masse eingestellt. Die Forderung ist uneinbringlich geworden.
5. Der Insolvenzverwalter (siehe Nr. 2) teilt mit, dass die Insolvenzquote 30% beträgt. Die Zahlung ist bereits auf unserem Bankkonto eingegangen.
6. Der Gerichtsvollzieher (Nr. 3) überweist auf das Bankkonto. Bankgutschrift 3.748,50 €. Der Rest ist verloren.
7. Der Kunde R. Müller & Sohn wird gemahnt, die Forderung über 11.305,00 € zu bezahlen. Er macht jedoch mit Recht geltend, dass die Forderung verjährt ist.
8. Die Bauunternehmung Mögel schuldet 34.345,86 €. Sie weigert sich, den Forderungsbetrag zu zahlen, da sie wegen einer Mängelrüge einen Preisnachlass von 8.000,00 € netto verlangt. Die Mängelrüge wird von der Maschinenbau AG nicht anerkannt. In einem Gerichtsverfahren wird festgestellt, dass die Einwendungen des Kunden berechtigt sind. Kurze Zeit danach überweist Mögel den verminderten Betrag auf das Bankkonto.

Lösung 267

Aufgabe 268

Wie lauten die Buchungssätze für die folgenden Geschäftsfälle?

1. Zieleinkauf von 30 elektronischen Messgeräten (Handelsware), Listenpreis 4.800,00 € netto je Stück, 40% Wiederverkäuferrabatt.
2. Zielverkauf von fünf Messgeräten zum Nettopreis von 4.400,00 € je Stück an Kunde Stark. Wir gewähren einen Sonderrabatt von 5%.
3. Ein Messgerät ist leicht beschädigt. Wir gewähren eine Gutschrift von 500,00 € netto.
4. Über das Vermögen von Kunde Stark (siehe Nr. 2 u. 3) wurde ein Insolvenzverfahren eröffnet.
5. Ausgleich unserer Verbindlichkeit (siehe Nr. 1) durch Banküberweisung.
6. Nach Abschluss des Insolvenzverfahrens über das Vermögen des Kunden Stark erhalten wir eine Erstattungsquote von 10% durch Bankgutschrift.

Lösung 268

Lösung 268 (Fortsetzung)

Aufgabe 269

Eine zweifelhafte Forderung gegenüber dem Kunden Müller über 24.990,00 € wurde vollständig abgeschrieben. Wider Erwarten überweist der Kunde noch 2.975,00 € auf unser Bankkonto.

1. Bilde den Buchungssatz für den Zahlungseingang.
2. Wie lautete der Buchungssatz für die vorausgegangene Abschreibung?
3. Berechne den Zahlungseingang in Prozenten.

Lösung 269

Aufgabe 270

Nach Abschluss eines Insolvenzverfahrens wurde folgender Buchungssatz vorgenommen:

2800 BK	4.498,20 €			
6950 ABFO	23.220,00 €			
4800 UST	4.411,80 €	an	2470 ZWFO	32.130,00 €

1. Berechne den Prozentsatz für die Insolvenzquote.
2. Welcher Umsatzsteuerbetrag muss tatsächlich an das Finanzamt abgeführt werden?
3. Welche Buchung wurde bei Bekanntwerden der Zahlungsschwierigkeiten vorgenommen?

Lösung 270

Aufgabe 271

Bilde die Buchungssätze:

1. Über das Vermögen von Kunde Locker wird ein Insolvenzverfahren eröffnet. Unsere Forderung beträgt 3.570,00 €.
2. Am 31. 12. sind folgende zweifelhafte Forderungen zu bewerten.

Kunde	Forderung	Geschätzter Ausfall
Schlecht	4.760,00 €	40%
Meister	2.380,00 €	50%

Bei Kunde Locker rechnen wir mit einem Zahlungseingang von 30%.
Die vorhandene Einzelwertberichtigung beträgt 2.050,00 €.

Bilde den Buchungssatz für die Wertberichtigung.

Lösung 271

Aufgabe 272

Zum Jahresabschluss liegen bei den Konten 2400 FO und 3680 PWB folgende Eintragungen vor:

Soll	2400 FO		Haben
8000	59.500,00	1. 2800	4.760,00
3. 5000		2. 2470	2.380,00
4800	2.975,00		

Soll	3680 PWB		Haben
		8000	1.500,00

1. Die Pauschalwertberichtigung ist auf 1% des Forderungsbestandes festzusetzen. Bilde den erforderlichen Buchungssatz.
2. Welche Geschäftsfälle liegen den Eintragungen 1–3 auf Konto 2400 FO zugrunde?
3. Bilde die Abschlussbuchungssätze für die Konten 2400 FO und 3680 PWB.

Lösung 272

Aufgabe 273

Zum Bilanzstichtag liegen bei Landmaschinen Eckert folgende Salden vor:

Konto	Salden
2400 FO	208.250,00 €
2470 ZWFO	8.925,00 €
3670 EWB	1.000,00 €
3680 PWB	9.900,00 €

Bilde die Buchungssätze:

1. Die Pauschalwertberichtigung ist auf 1% festzusetzen.
2. Bei der zweifelhaften Forderung rechnen wir mit einem Zahlungseingang von 45%.

Lösung 273

Aufgabe 274

Welche der folgenden Aussagen sind falsch? Begründe deine Entscheidung.

1. Die Herabsetzung (Auflösung) von Wertberichtigungen auf Forderungen wird auf Konto 5495 EFO gebucht.
2. Die Einzelwertberichtigung und Pauschalwertberichtigung auf Forderungen zählen zu den vorbereitenden Abschlussbuchungen.
3. Einwandfreie Forderungen werden am Jahresende pauschal abgeschrieben.
4. Wertberichtigungen auf Forderungen erhöhen den Jahresüberschuss (Gewinn).
5. Einwandfreie Forderungen unterliegen einem allgemeinen Ausfallrisiko.

Lösung 274

Aufgabe 275

Der vorläufige Jahresüberschuss von Unternehmer Glück beträgt 120.000,00 €. Für das Unternehmen gilt ein Einkommenssteuersatz von 35%. Am 31. 12. wird eine Pauschalwertberichtigung in Höhe von 1.200,00 € und eine Einzelwertberichtigung in Höhe von 7.800,00 € vorgenommen. Errechne die Steuerersparnis durch die Wertberichtigungen.

Lösung 275

Aufgabe 276

Wie lauten die Buchungssätze für die Abschlussbuchungen?

Konto	Schlussbestände/Salden
2470 ZWFO	123.450,00 €
6950 ABFO	2.200,00 €
3680 PWB	980,00 €
5495 EFO	200,00 €

Lösung 276

Aufgabe 277

Formuliere die Geschäftsfälle zu folgenden Buchungssätzen:

1. 2800 BK		an	2470 ZWFO	2.380,00 €
2. 3670 EWB		an	5450 EAWB	900,00 €
3. 6950 ABFO	5.000,00 €			
2600 VORST	950,00 €	an	2400 FO	5.950,00 €
4. 2470 ZWFO		an	2400 FO	4.760,00 €
5. 2800 BK	357,00 €	an	5495 EFO	300,00 €
			4800 UST	57,00 €

Lösung 277

6 Geschäftsgang in einem Fertigungsunternehmen

6.1 Bestandsveränderungen bei Werkstoffen und Handelswaren

Aufgabe 278

Ergänze den folgenden Lückentext:

Der Einkauf von Stoffen, Fremdbauteilen und Handelswaren wird als Sofort ____________________ in der Kontenklasse _____ gebucht. Die Konten, die Anfangsbestände und Schlussbestände der Stoffe, Fremdbauteile und Handelswaren erfassen, gehören zur Kontenklasse _____ und sind somit _______________ Bestandskonten. Ist der Anfangsbestand höher als der Schlussbestand, liegt eine ____ vor. Es wurden also ____________ Stoffe verbraucht als eingekauft. Ein solcher Minderbestand muss noch als zusätzlicher ____________________ gebucht werden. Wurden mehr Werkstoffe eingekauft als verbraucht, liegt ein ____________________ vor. In diesem Fall ist der Schlussbestand _______________ als der Anfangsbestand. Dieser ____________________ muss als Aufwandsverringerung gebucht werden. Ein Minderbestand _______________ den Stoffverbrauch. Ebenso wie bei den Werkstoffen wird bei den ____________________ verfahren.

Aufgabe 279

Die Geschäftsbuchführung eines Industriebetriebes weist bei den Hilfsstoffen einen Anfangsbestand von 5.300,00 € und einen Schlussbestand von 2.900,00 € aus. Während des Geschäftsjahres bezog das Unternehmen Hi fsstoffe im Wert von 14.400,00 € (Zielkäufe) und sandte Hilfsstoffe im Wert von 200,00 € an den Lieferer zurück.

1. Ermittle rechnerisch Art und Höhe der Bestandsveränderung.
2. Wie hoch war der Hilfsstoffverbrauch im Geschäftsjahr?
3. Bilde den Buchungssatz für die vorbereitende Abschlussbuchung (Bestandsveränderung).
4. Stelle den Sachverhalt in den Konten 2020 H, 6020 AWH, 8010 SBK und 8020 GUV dar.

Lösung 279

Lösung 279 (Fortsetzung)

S	2020 H	H

S	6020 AWH	H

S	8010 SBK	H

S	8020 GUV	H

Aufgabe 280

Ein Textilunternehmen bezieht zur Ergänzung des Sortiments Krawatten als Handelswaren. Zu Beginn des Geschäftsjahres waren 200 Stück zu je 30,00 € vorrätig. Die Inventur am Ende des Geschäftsjahres ergab 350 Stück zu je 30,00 €. Während des Geschäftsjahres wurden insgesamt 680 Stück zu je 30,00 € eingekauft (Zieleinkäufe).

1. Ermittle rechnerisch Art und Höhe der Bestandsveränderung.
2. Berechne die Höhe der Aufwendungen für Handelswaren für das Geschäftsjahr.
3. Bilde den Buchungssatz für die Bestandsveränderung.
4. Stelle den Sachverhalt auf den Konten 2280 HW, 6080 AWHW, 8010 SBK und 8020 GUV dar.

Lösung 280

S	2280 HW	H

S	6080 AWHW	H

Lösung 280 (Fortsetzung)

S	8010 SBK		H

S	8020 GUV		H

Aufgabe 281

Bilde die vorbereitenden Abschlussbuchungen:

1. Mehrbestand bei den Betriebsstoffen		4.900,00 €
2. Abschluss des Kontos 6001 BZKR, Saldo		1.400,00 €
3. Abschluss des Kontos 6002 NR, Saldo		1.100,00 €
4. Minderbestand bei den Handelswaren		7.500,00 €
5. Anfangsbestand bei Hilfsstoffen	2.400,00 €	
Schlussbestand bei Hilfsstoffen	2.800,00 €	??? €
6. Anfangsbestand bei Fremdbauteilen	9.300,00 €	
Schlussbestand bei Fremdbauteilen	7.200,00 €	??? €

Lösung 281

Aufgabe 282

Die Konten 2280 HW, 6080 AWHW und 5100 UEHW enthalten folgende Eintragungen:

S	2280 HW		H
8000 EBK	7.400,00	8010 SBK	8.750,00
6080 AWHW	1.350,00		
	8.750,00		8.750,00

S	6080 AWHW		H
1. 4400 VE	31.400,00	3. 4400VE	200,00
6081 BZKHW	600,00	6082 NHW	700,00
		2280 HW	1.350,00
		8020 GUV	29.750,00
	32.000,00		32.000,00

S	5100 UEHW		H
5101 EBHW	1.250,00	2. 2400 FO	40.000,00
8020 GUV	38.750,00		
	40.000,00		40.000,00

1. Ermittle Art und Höhe der Bestandsveränderung.
2. Wie lautet der Buchungssatz für die Bestandsveränderung?
3. Welche weiteren vorbereitenden Abschlussbuchungen sind in den obigen Konten enthalten?
4. Wie lauten die Buchungssätze für die Hauptabschlussbuchungen für die jeweiligen Konten?
5. Wie hoch sind die Umsatzerlöse für Handelswaren in Euro?

Lösung 282

Aufgabe 283

Bei den Rohstoffen betrug der Anfangsbestand 34.200,00 €, der Schlussbestand 12.000,00 €.

1. Bilde die für den Abschluss des Kontos Rohstoffe notwendigen Buchungssätze.
2. Wie wirkt sich die Bestandsveränderung der Rohstoffe auf die Erfolgsrechnung aus?

Lösung 283

S	2000 R	H

Aufgabe 284

Um welche Art von Bestandsveränderung bei Fremdbauteilen handelt es sich bei folgender Grafik?

Soll	6010 AWF Haben
4400 VE	**2010 F**
	8020 GUV

Lösung 284

6.2 Bestandsveränderungen bei fertigen und unfertigen Erzeugnissen

Aufgabe 285

Am Ende eines Abrechnungszeitraumes liegen in einem Industrieunternehmen folgende Zahlen vor:

unfertige Erzeugnisse:	AB 12.200,00 €	SB 5.400,00 €
fertige Erzeugnisse:	AB 9.400,00 €	SB ? €

Das Konto 5200 BV weist beim Abschluss einen Saldo auf der Sollseite von 5.700,00 € aus.

1. Bilde den Buchungssatz für die Abschlussbuchung für das Konto Unfertige Erzeugnisse.
2. Wie lautet der Buchungssatz für die vorbereitende Abschlussbuchung für das gleiche Konto?
3. Welche Art der Bestandsveränderung ergibt sich auf dem Konto 5200 BV? Erstelle dazu das T-Konto.
4. Wie lautet die Abschlussbuchung für das Konto 5200 BV?
5. Ermittle den Endbestand bei den fertigen Erzeugnissen.

Lösung 285

S 2100 UFE H

S 2200 FE H

S 5200 BV H

Aufgabe 286

Das Konto 2200 FE weist folgende Bestände aus:

S	2200 FE		H
8000	25.000,00	8010	32.000,00
...			

Auf dem Konto 2100 UFE wurde ein Saldo auf der Sollseite von 2.300,00 € ermittelt.

1. Berechne Art und Höhe der Bestandsveränderung bei den FE und buche diese.
2. Erstelle das Konto 5200 BV mit den erforderlichen Eintragungen und schließe es ab.
3. Wie wirkt sich die vorliegende Bestandsveränderung auf die Erfolgsrechnung aus?
4. Wie lautet der Abschlussbuchungssatz für das Konto 2100 UFE, wenn der AB 9.000,00 € betrug?

Lösung 286

S	5200 BV		H

Aufgabe 287

Die Konten 8020 GUV und 8010 SBK enthalten folgende Eintragungen:

S	8020 GUV		H
5200	14.000,00	...	
...			

S	8010 SBK		H
2100	32.000,00	...	
2200	6.000,00		
...			

Bei den fertigen Erzeugnissen liegt ein Minderbestand von 19.000,00 € vor.

1. Welcher Buchungssatz liegt der Eintragung im Konto 8020 GUV zugrunde?
2. Erstelle das Konto 5200 BV.
3. Bestimme die Art der Bestandsveränderung bei den unfertigen Erzeugnissen.
4. Bilde den Buchungssatz für die vorbereitende Abschlussbuchung für das Konto Unfertige Erzeugnisse.
5. Wie lautet der Abschlussbuchungssatz für das Konto Fertige Erzeugnisse?
6. Bilde den Eröffnungsbuchungssatz für das Konto 2200 FE.

Lösung 287

S	5200 BV		H

Lösung 287 (Fortsetzung)

Aufgabe 288

Bei der Eröffnung und beim Abschluss der Konten 2100 UFE und 2200 FE ergaben sich u. a. folgende Buchungen:

2100 UFE	an	8000 EBK	9.500,00 €
8010 SBK	an	2200 FE	8.000,00 €
2100 UFE	an	5200 BV	2.500,00 €
5200 BV	an	8020 GUV	6.000,00 €

1. Wie hoch ist der Schlussbestand bei den unfertigen Erzeugnissen in €?
2. Ermittle Art und Höhe der Bestandsveränderung bei den unfertigen Erzeugnissen.
3. Ermittle den Anfangsbestand der fertigen Erzeugnisse.

Lösung 288

Aufgabe 289

Die Auszubildende Nadine will einige Informationen zu nachstehendem Konto wissen:

S	6000 AWR		H
1. 4400 VE	138.000,00	3. 4400 VE	3.200,00
2. 4400 VE	22.000,00	5. 6002 NR	800,00
4. 6001 BZKR	7.000,00	6. 2000 R	5.000,00
		7. 8020 GUV	158.000,00
	167.000,00		167.000,00

1. Welcher Geschäftsfall liegt der Eintragung Nr. 2 zugrunde?
2. Wie lautet der Buchungssatz zu Nr. 3?
3. Welche vorbereitenden Abschlussbuchungen sind im Konto enthalten?
4. Zeige die Art und Höhe der Bestandsveränderungen bei den Rohstoffen auf.
5. Ermittle den gesamten Rohstoffverbrauch.

Lösung 289

Lösung 289 (Fortsetzung)

Aufgabe 290

Bei der Vorbereitung für die Prüfung zum Industriekaufmann muss der Auszubildende Thomas Feser folgende Fragen bearbeiten:

1. Wenn mehr produziert als verkauft wurde, liegt dann ein Minderbestand bei den Fertigerzeugnissen vor?
2. Warum nimmt das Konto 5200 BV eine Sonderstellung in der Kontenklasse 5 ein?
3. Wie wirken sich Bestandsmehrungen auf den Erfolg eines Unternehmens aus?
4. Auf welchem Konto wird der Verkauf von fertigen Erzeugnissen gebucht?

Lösung 290

Aufgabe 291

1. Bilde die Buchungssätze für folgende Bestandsveränderungen:

	unfertige Erzeugnisse	**fertige Erzeugnisse**
Anfangsbestand	72.100,00 €	158.400,00 €
Schlussbestand	56.800,00 €	193.500,00 €

2. Welche Art der Bestandsveränderung liegt bei den Erzeugnissen insgesamt vor?
3. Aus welchem Konto und Konteneintrag lässt sich diese ablesen?

Lösung 291

Aufgabe 292

In einem Industriebetrieb betrugen die Anfangsbestände bei den unfertigen Erzeugnissen 34.000,00 € und bei den fertigen Erzeugnissen 53.500,00 €. Als Aufwendungen wurden während des Geschäftsjahres 1.270.000,00 € und als Umsatzerlöse 1.560.000,00 € gebucht.

Berechne den in der GUV-Rechnung auszuweisenden Erfolg, wenn der Schlussbestand bei den unfertigen Erzeugnissen 37.100,00 € und bei den fertigen Erzeugnissen 49.800,00 € betrug.

Lösung 292

6.3 Von der Eröffnung bis zum Abschluss: Geschäftsgang in einem Fertigungsunternehmen

Aufgabe 293

Zusammenfassender Geschäftsgang

Führe für folgendes Unternehmen einen Geschäftsgang von der Eröffnungsbilanz bis zur Schlussbilanz durch (die Aufgabe kann auch mit einem dir bekannten Finanzbuchhaltungsprogramm gelöst werden).

Zum Unternehmen liegen folgende Informationen vor:

1. Eigentümer:	Anton Weber
2. Rechtsform des Unternehmens:	Einzelunternehmen
3. Geschäftssitz:	Bahnhofstr. 11, 83022 Rosenheim
4. Art des Unternehmens/Branche:	Herstellung von elektronischen Messgeräten und Funktelefonen. Als Handelswaren werden Faxgeräte und Modems zusätzlich angeboten.
5. Geschäftsjahr:	01. 01. ... – 31. 12. ...
6. Stoffe:	
6.1 Rohstoffe:	Verzinkte Eisenbleche, Kunststoffgranulate, Messingbleche, Aluminiumbleche
6.2 Fremdbauteile:	Leiterplatten (Platinen), LED-Anzeigen
6.3 Hilfsstoffe:	Dichtungs- und Isoliermaterial, Schrauben, Kleinteile, Lacke, Farben, Lötzinn usw.
6.4 Betriebsstoffe:	Strom, Gas, Wasser, Schmierstoffe, Benzin
7. Umsatzsteuersatz:	19%

Bilanz zu Beginn des Geschäftsjahres (Eröffnungsbilanz):

Aktiva — Bilanz zum 01. 01. ... — Passiva

Aktiva		Passiva	
0510 BGR	60.000,00	3000 EK	1.401.100,00
0530 BVG	140.000,00	3670 EWB	5.000,00
0700 MA	902.000,00	3680 PWB	3.000,00
0840 FP	154.000,00	4250 LBKV	394.600,00
0860 BM	148.000,00	4400 VE	296.700,00
0870 BA	37.000,00	4800 UST	41.100,00
2000 R	87.000,00		
2010 F	12.000,00		
2020 H	35.000,00		
2030 B	16.300,00		
2100 UFE	17.700,00		
2200 FE	26.900,00		
2280 HW	12.100,00		
2400 FO	127.600,00		
2470 ZWFO	46.400,00		
2600 VORST	30.000,00		
2800 BK	285.500,00		
2880 KA	4.000,00		
	2.141.500,00		2.141.500,00

Kontenplan:

0510 BGR	2000 R	3000 EK	4250 LBKV	5000 UEFE	6000 AWR	7000 GWST
0530 BVG	2010 F	3001 P	4400 VE	5001 EBFE	6001 BZKR	7510 ZAW
0700 MA	2020 H	3670 EWB	4800 UST	5100 UEHW	6010 AWF	
0840 FP	2030 B	3680 PWB	4830 VFA	5200 BV	6012 NF	
0860 BM	2100 UFE		4840 VSV	5410 EAAV	6020 AWH	
0870 BA	2200 FE			5450 EAWB	6030 AWB	
0895 SP	2280 HW			5460 EAVG	6040 AWVM	
	2400 FO				6080 AWHW	
	2470 ZWFO				6200 L	
	2600 VORST				6400 AGASV	
	2800 BK				6420 BBG	
	2880 KA				6520 ABSA	
					6545 ABSP	
					6700 AWMP	
					6800 BMK	
					6820 PUK	
					6950 ABFO	

Geschäftsfälle:

1. Siehe Beleg Nr. 1

Beleg 1:

EDWIN WEIDEMANN BLECHHANDEL

Brunecker Straße 37–38 • 90461 Nürnberg
Telefon: 0911 8950-0 • Fax: 0911 8950-224
E-Mail: service@weidemann.xyz
Internet: www.weidemann.xyz

FIRMA EDWIN WEIDEMANN E. KFM. • Brunecker Straße 37–38 • 90461 Nürnberg

Firma
Anton Weber
Bahnhofstraße 11
83022 Rosenheim

RECHNUNG

Rechnungsnummer: 021548
Kundennummer: 520980
Ihre Bestellung: 28. September 20..
Lieferdatum: 08. Oktober 20..
Ansprechpartner: Frau Schneider
Telefon: 0911 8950-327

Nürnberg, 08. Oktober 20..

ARTIKELNUMMER	STÜCKZAHL	EINZELPREIS	BEZEICHNUNG	GESAMTPREIS IN EUR
045	1060	50,00	Eisenblech, verzinkt	53.000,00
350	860	30,00	Aluminiumblech	25.800,00
				78.800,00
			+ Fracht	200,00
			Warenwert, netto	79.000,00
			+ 19% Umsatzsteuer	15.010,00
			Rechnungsbetrag	94.010,00

Vielen Dank für Ihren Auftrag.
Zahlungsbedinungen: 10 Tage 3% Skonto/30 Tage rein netto.

Die gelieferte Ware bleibt bis zur vollständigen Bezahlung unser Eigentum.
Amtsgericht Nürnberg HRA 8490 • Bankverbindung: Stadtbank Nürnberg • BLZ 760 540 38 • Kontonummer: 2507450
USt-IdNr. DE802490371 • Steuer-Nr. 9238/217/15205

2.1 Ermittlung der USt.-Zahllast (Übertrag) 30.000,00 €

2.2 Banküberweisung der USt.-Zahllast 11.000,00 €

3. Siehe Beleg Nr. 2

Beleg 2:

Kontoauszug Kontonummer: 540 360 Auszug: 47 **Mangfallbank Rosenheim**
IBAN DE72711280600000540360 Datum: 11. 10. 20.. Blatt: 01
BIC MBNKDEFF

Vorgang/Buchungsinformation	Buchung	Wertstellung	Umsatz in Euro
Gutschrift von Gustav Otto, Laborausstattung für Rechnung 03054 vom 04. 10. 20.. abzüglich 2% Skonto	10. 10.	10. 10.	8.746,50 +

Mangfallbank Rosenheim · D-83026 Rosenheim
Anton Weber
Bahnhofstr. 11
83022 Rosenheim

Zahlungseingänge	EUR	8.746,50 +
Zahlungsausgänge	EUR	0,00 –
Alter Kontostand	EUR	15.240,00 +
Neuer Kontostand	EUR	23.986,50 +

Postanschrift: Mangfallbank Rosenheim 83026 Rosenheim
Direkt-Service: Tel.: 018031 180-60
Telefon-Banking: Tel.: 018031 180-70
Erreichbarkeit: 7x24 Stunden
Telefax: 08031 203020
E-Mail: info@mangfall-bank.xyz
Internet: http://www.mangfall-bank.xyz
Bankleitzahl 711 280 60

4. Zieleinkauf von Lötzinn, netto 3.600,00 €

5. Gutschriftsanzeige des Platinenlieferers aufgrund eines nachträglich gewährten Preisnachlasses, brutto 1.785,00 €

6. Die Mangfallbank gewährt ein Immobiliendarlehen, Bankgutschrift 650.000,00 €

7. Zielkauf eines Nachbargrundstücks mit Gebäude für neu zu schaffende Büroräume, Kaufpreis (davon Gebäudewert 600.000,00 €) 800.000,00 €

8. Wir erhalten den Grunderwerbsteuerbescheid (siehe Nr. 7). Der Steuersatz beträgt 3,5%, die Zahlung erfolgt per Banküberweisung.

9. Siehe Beleg Nr. 3

Beleg 3:

ANTON WEBER E. KFM.
Bahnhofstraße 11 · 83022 Rosenheim
Telefon: 08031 5030 · Telefax: 08031 5024
E-Mail: info@anton-weber.xyz · Internet: www.anton-weber.xyz

ANTON WEBER E. KFM. · Bahnhofstraße 11 · 83022 Rosenheim
Bürocenter
Johannes Braun
Mainstraße 36
95444 Bayreuth

Rosenheim, 19. Oktober 20..

RECHNUNG

Rechnungsnummer: 03546
Kundennummer: 02073

Art.-Nr.	Menge	Bezeichnung	Einzelpreis	Gesamtpreis
0280	10	Faxgeräte F 3044	550,00 Euro	5.500,00 Euro
				5.500,00 Euro
		+ 19% Umsatzsteuer		1.045,00 Euro
		Rechnungsbetrag		**6.545,00 Euro**

Die Ware wurde am 19. Oktober 20.. geliefert.

Die Ware bleibt bis zur vollständigen Bezahlung unser Eigentum.
Bankverbindung: Mangfallbank Rosenheim · BLZ 711 280 60 · Kontonummer: 540360
Amtsgericht Rosenheim HRA 7460 · USt-IdNr. DE158005016 · Steuer-Nr. 9156/204/30465

10. Siehe Beleg Nr. 4

Beleg 4:

HANSERLEWEIN MASCHINENBAU

Königstraße 32–36 · 97082 Würzburg
Telefon: 0931 780243 · Telefax: 0931 780350
E-Mail: service@erlewein.xyz · Internet: www.erlewein.xyz

HANS ERLEWEIN e. Kfm. · Königstraße 32–36 · 97082 Würzburg

Anton Weber
Bahnhofstraße 11
83022 Rosenheim

RECHNUNG

Würzburg, 29. Oktober 20..

Rechnungsnummer: 3546
Kundennummer: 4070

Wir lieferten am 29. 10. 20..

Art.-Nr.	Menge	Bezeichnung	Einzelpreis	Gesamtpreis
071	1	Stanzmaschine CNC-gesteuert	10.200,00 Euro	10.200,00 Euro
				10.200,00 Euro
			+ Fracht/Installation	500,00 Euro
				10.700,00 Euro
			+ 19% Umsatzsteuer	2.033,00 Euro
			Rechnungsbetrag	**12.733,00 Euro**

Zahlungsbedingungen: Bis 29. Dezember 20.. rein netto.
Die Ware bleibt bis zur vollständigen Bezahlung unser Eigentum.
Amtsgericht Würzburg HRA 7823 · Bankverbindung: Frankenbank Würzburg · BLZ 770 425 31 · Kontonummer: 620372
USt-IdNr. DE128402063 · Steuer-Nr. 9257/238/00670

11. Banküberweisung eines Kunden — 35.700,00 €

12. Siehe Beleg Nr. 5

Beleg 5:

PS STATION
Bahnhofstraße 1
83026 Rosenheim

Obj.-Nr.: 0002051 — Telefon: 08031 184010
Fax: 08031 184050

Beleg-Nr.: 4120/008/0001 — 26. Oktober 20.. 15:12 Uhr
Steuer-Nr.: 9156/207/13188

*00001 **DIESEL** — 63,61 EUR
*Zp 03 — 46,81 l 1,359 EUR/l

Gesamtbetrag (BAR) — 63,61 EUR

USt.-Anteil 19% — 10,16 EUR

VIELEN DANK FÜR IHREN EINKAUF.
AUF WIEDERSEHEN.

13. Barverkauf eines gebrauchten Lieferwagens (Buchwert 11.000,00 €), Nettoverkaufspreis — 14.000,00 €

14. Siehe Beleg Nr. 6

Beleg 6:

Lohnliste der Fa. Anton Weber (Auszug)						
	Brutto	Lohnsteuer	Kirchensteuer	Soz. Vers. AN	Abzüge gesamt	Auszahlung
Summe	48.000,00 €	5.370,00 €	430,00 €	9.400,00 €	15.200,00 €	32.800,00 €

Arbeitgeberanteil zur Sozialversicherung 8.930,00 €.

15. Barkauf
    von Kopierpapier, netto 180,00 €
    eines Aktenvernichters, netto 150,00 €
    einer elektronischen Schreibtafel, netto 250,00 €

16. Firmenchef Weber kauft eine Skiausrüstung für Sohn Max
    Der Rechnungsbetrag in Höhe von 487,20 €
    wird über das betriebliche Bankkonto beglichen.

17. Ausgangsrechnung:

150 Messgeräte zu je 2.200,00 € netto	330.000,00 €
+ 19% USt.	62.700,00 €
Rechnungsbetrag	392.700,00 €

18. Banküberweisung der

– einbehaltenen Lohn- und Kirchensteuer (siehe Beleg 6)	? €
– Sozialversicherungsbeiträge ANA und AGA (siehe Beleg 6)	? €
– Einkommensteuervorauszahlung	4.380,00 €
– Gewerbesteuervorauszahlung	400,00 €
Banklastschrift insgesamt	28.910,00 €

19. Siehe Beleg Nr. 7

Beleg 7:

BAYERISCHE
TELEFONGESELLSCHAFT
EIN UNTERNEHMEN DER WORLDCOM-GRUPPE

BTG

Bayerische Telefongesellschaft AG, Kundenniederlassung
Postfach 1020 · 93075 Regensburg

Firma
Anton Weber
Bahnhofstraße 11
83022 Rosenheim

Rechnungsdatum	02. November 20..
Rechnungsmonat	Oktober 20..
Kundennummer	1770503510
Bitte immer angeben:	
Rechnungsnummer	0350810900
Buchungskonto	3803852200
Seite	1 von 1
Bei Rückfragen	Telefon: 0800 4402040
	Telefax: 0800 4402041

IHRE RECHNUNG

Artikel oder Leistung 01. Oktober 20.. bis 31. Oktober 20..	Artikel-/ Leistungs- Nr.	Menge/ Volumen/ Tarifierte Zeit	Einzelpreis in EURO	Gesamt- preis in EURO
1. Telefonanschluss	1011	1	10,00	10,00
Beträge für Verbindungen				
01. Oktober 20.. bis 01. Oktober 20..				
2. 680 Cityverbindungen	1731	4.380	0,05	219,00
3. 992 Inlandsverbindungen	1931	7.820	0,07	547,40
4. 68 Auslandsverbindungen 220 Auslandsverbindungen	2031	830	0,12	99,60
Sonstige Lieferungen und Leistungen				
Worldcom-Online International AG				
5. Worldcom-Online Online-/Telef.entg. Tarif com 6.167 Min. (0,012 EUR/Min.) vom 01. Oktober 20.. bis 01. Oktober 20..	1865	1	74,00	74,00
Nettobetrag				**950,00**
Umsatzsteuer 19%				**180,50**
Rechnungsbetrag				**1.130,50**

Der EURO-Betrag wird abgebucht von: BLZ 711 280 60 • Kontonummer: 540360. Bitte prüfen Sie die angegebene Bankverbindung und informieren Sie uns umgehend über Änderungen.

Bayerische Telefongesellschaft AG
Ein Unternehmen der Worldcom-Gruppe
Abensberger Straße 9 • 93078 Regensburg
Hausanschrift: Bayerische Telefongesellschaft Kundenbuchhaltung 02 Regensburg • Postfach 101444 • 93075 Regensburg
Bankverbindung: A-Bank Regensburg • BLZ 750 950 00 • Kontonummer: 1002010
Regensburg HRB 1322 • Steuer-Nr.: 9244/138/00060

Die Unterlassung rechtzeitiger Einwendung gilt als Genehmigung. Gesetzliche Ansprüche bleiben davon unberührt.
Wir sind verpflichtet, Ihre Verbindungsdaten 80 Tage nach Versand der Rechnung zu löschen, sofern Sie nicht sogar die sofortige Löschung mit uns vereinbart haben.
Vorsitzender des Vorstands: Dr. Manfred Klug

20. Bankgutschrift:
Überweisungen von verschiedenen Kunden — 261.800,00 €

21. Siehe Beleg Nr. 8

Beleg 8:

> Über das Vermögen der Firma Grün & Kindler, Labortechnik, Lichtengraben 13, 92224 Amberg, wurde die vorläufige Verwaltung durch den Insolvenzverwalter Karl Müller angeordnet. Unsere Forderung beträgt **7.140,00 Euro**.
>
> Amberg, den 17. Dezember 20..
>
> Amtsgericht Amberg – Insolvenzgericht

22. Bankabbuchung der Strom- und Gasrechnung, brutto	1.904,00 €
23. Zielkauf von Modems, netto	13.000,00 €
24. Der Insolvenzverwalter beim Kunden Karlmann teilt uns mit, dass das Insolvenzverfahren beendet ist. Er überweist 60% der zweifelhaften Forderung in Höhe von 47.600,00 €. Der Rest ist verloren.	
Bankgutschrift	28.560,00 €
25. Banklastschrift	
für Darlehenszinsen	4.800,00 €
für Miete (Fertigungshalle), brutto	33.320,00 €
26. Zielkauf	
eines Schreibtisches, netto	1.300,00 €
eines Flachbildschirms für den PC, netto	900,00 €
27. Barkauf von Verpackungsmaterial, netto	600,00 €
28. Ausgangsrechnung an den Großkunden Metama	
Funktelefone, netto	194.100,00 €
Fracht und Verpackung, netto	900,00 €
Warenwert, netto	195.000,00 €
29. Bareinzahlung auf das Bankkonto	14.753,00 €
30. Bankauszug:	
Überweisungen an verschiedene Lieferer	202.300,00 €
Beitrag zur Berufsgenossenschaft	7.560,00 €
31. Zielkauf von LED-Anzeigen, netto	8.500,00 €

Abschlussangaben

1. Abschreibungen auf Sachanlagen

1.1	Konto 0530 BVG	AfA	3%
1.2	Konto 0700 MA	AfA lt. Anlagekartei	64.680,00 €
1.3	Konto 0840 FP	AfA	? €

Auszug aus der Anlagekartei 0840 FP:

	Anschaffungskosten	Buchwert 01. 01.	Abgänge	AfA	Nutzungsdauer
RO-L 125	55.000,00 €	11.000,00 €	11.000,00 €	–	–
RO-B 732	54.000,00 €	45.000,00 €	–	?????	6
RO-X 321	88.000,00 €	44.000,00 €	–	?????	8
RO-Z 999	81.000,00 €	54.000,00 €	–	?????	9
Summe		154.000,00 €	–		

1.4	Konto 0860 BM	AfA lt. Anlagekartei	25.300,00 €
1.5	Konto 0870 BA	AfA lt. Anlagekartei	5.960,00 €
1.6	Konto 0895 SP		20%

2. Inventurbestände

2.1	Konto 2000 R	102.500,00 €
2.2	Konto 2010 F	14.800,00 €
2.3	Konto 2020 H	32.400,00 €
2.4	Konto 2030 B	11.300,00 €
2.5	Konto 2100 UFE	24.900,00 €
2.6	Konto 2200 FE	25.700,00 €
2.7	Konto 2280 HW	5.300,00 €

3. Bewertung der Forderungen

3.1	Bei der zweifelhaften Forderung (7.140,00 €) wird mit einer Insolvenzquote von 80% gerechnet.	? €
3.2	Die PWB ist auf 1% der einwandfreien Forderungen festzusetzen.	? €

4. Abschluss aller Unterkonten

Lösung 293

Laufende Buchungen:

Lösung 293 (Fortsetzung)

Lösung 293 (Fortsetzung)

Lösung 293 (Fortsetzung)

Vorbereitende Abschlussbuchungen:

Lösung 293 (Fortsetzung)

S 0510 BGR H

S 0530 BVG H

S 0700 MA H

S 0840 FP H

S 0860 BM H

S 0870 BA H

S 0895 SP H

S 2000 R H

S 2010 F H

S 2020 H H

S 2030 B H

S 2100 UFE H

S 2200 FE H

S 2280 HW H

S 2400 FO H

Lösung 293 (Fortsetzung)

S 2470 ZWFO H

S 2600 VORST H

S 2800 BK H

S 2880 KA H

S 3000 EK H

S 3001 P H

S 3670 EWB H

S 3680 PWB H

S 4250 LBKV H

Lösung 293 (Fortsetzung)

S 4400 VE H

S 4800 UST H

S 4830 VFA H

S 4840 VSV H

S 5000 UEFE H

S 5001 EBFE H

S 5100 UEHW H

S 5200 BV H

S 5410 EAAV H

S 5450 EAWB H

S 5460 EAVG H

S 6000 AWR H

S 6001 BZKR H

S 6010 AWF H

S 6012 NF H

S 6020 AWH H

S 6030 AWB H

S 6040 AWVM H

Lösung 293 (Fortsetzung)

S 6080 AWHW H

S 6200 L H

S 6400 AGASV H

S 6420 BBG H

S 6520 ABSA H

S 6545 ABSP H

S 6700 AWMP H

S 6800 BMK H

S 6820 PUK H

S 6950 ABFO H

S 7000 GWST H

S 7510 ZAW H

S 8020 GUV H

S 8010 SBK H

Lösung 293 (Fortsetzung)

Aufgabe 294

Man unterscheidet:

- **Eröffnungsbuchungen (EB)**
- **laufende Buchungen (LB)**
- **vorbereitende Abschlussbuchungen (VAB)**
- **Abschlussbuchungen (AB)**

Ordne den folgenden Buchungssätzen die dazugehörige Buchungsart zu (z. B. EB, LB, VAB, AB):

1. 0840 FP	72.000,00 €			
2600 VORST	13.680,00 €	an	4400 VE	85.680,00 €
2. 3000 EK		an	3001 P	6.750,00 €
3. 0700 MA		an	8000 EBK	495.000,00 €
4. 6010 AWF		an	6011 BZKF	560,00 €
5. 8020 GUV		an	3000 EK	178.000,00 €
6. 6520 ABSA		an	0860 BM	24.000,00 €
7. 5100 UEHW		an	8020 GUV	637.300,00 €
8. 8010 SBK		an	2280 HW	92.120,00 €
9. 4800 UST		an	2600 VORST	38.470,00 €
10. 8010 SBK		an	2600 VORST	29.250,00 €
11. 2280 HW		an	6080 AWHW	6.940,00 €
12. 6020 AWH		an	2020 H	17.345,00 €
13. 5200 BV		an	8020 GUV	12.100,00 €
14. 2100 UFE		an	5200 BV	4.970,00 €
15. 3670 EWB		an	5450 EAWB	2.600,00 €
16. 5200 BV		an	2200 FE	8.100,00 €
17. 6545 ABSP		an	0895 SP	3.200,00 €

Lösung 294

7 Anwendungsbezogenes Arbeiten

7.1 Übungszirkel Wertpapiere

Station 1: Das Wertpapier-Rätsel

Überprüfe dein Wissen über die Wertpapiere mit diesem Rätsel!

1			?	?	?	?	?	?	?	?	?	?		
2				?	?	?	?	?	?	?				
3		?	?	?	?	?	?	?	?	?				
4			?	?	?	?	?	?	?	?	?	?	?	?
5	?	?	?	?	?	?	?	?						
6	?	?	?	?	?	?	?							
7		?	?	?	?	?								
8			?	?	?	?	?	?	?	?				
9				?	?	?	?	?	?	?				
10	?	?	?	?	?	?								
11		?	?	?	?	?	?	?	?					
12			?	?	?	?	?							
13	?	?	?	?	?	?	?	?	?					
14				?	?	?								
15	?	?	?	?	?	?								

1. Kriterium für die Geldanlage.
2. Größter Börsenplatz der Welt.
3. Gewinnteil des Aktionärs am Unternehmen.
4. Anlagekriterium bei Aktien.
5. Preis für die gekauften Aktien.
6. Vermerk für Verkauf zu jedem Kurs.
7. Vermerk für Höchstpreis bzw. Mindestpreis von Wertpapieren.
8. Betrag, der auf dem Mantel der Aktie aufgedruckt ist.
9. Standort der Bayerischen Börse.
10. Bestandteil des Wertpapiers (Urkunde).
11. Fachbegriff für Wertpapiere, die an der Börse gehandelt werden.
12. Bestandteil des Wertpapiers (Dividendenscheine).
13. Größter Börsenplatz in Deutschland.
14. Abkürzung für Deutscher Aktienindex.
15. Gebühren, die beim An- und Verkauf von Wertpapieren anfallen.

Schreibe die Lösung in dieses Heft!
Das Lösungswort ergibt einen Begriff, der für deutsche Anleger eine immer größere Rolle spielt.

Lösung Station 1

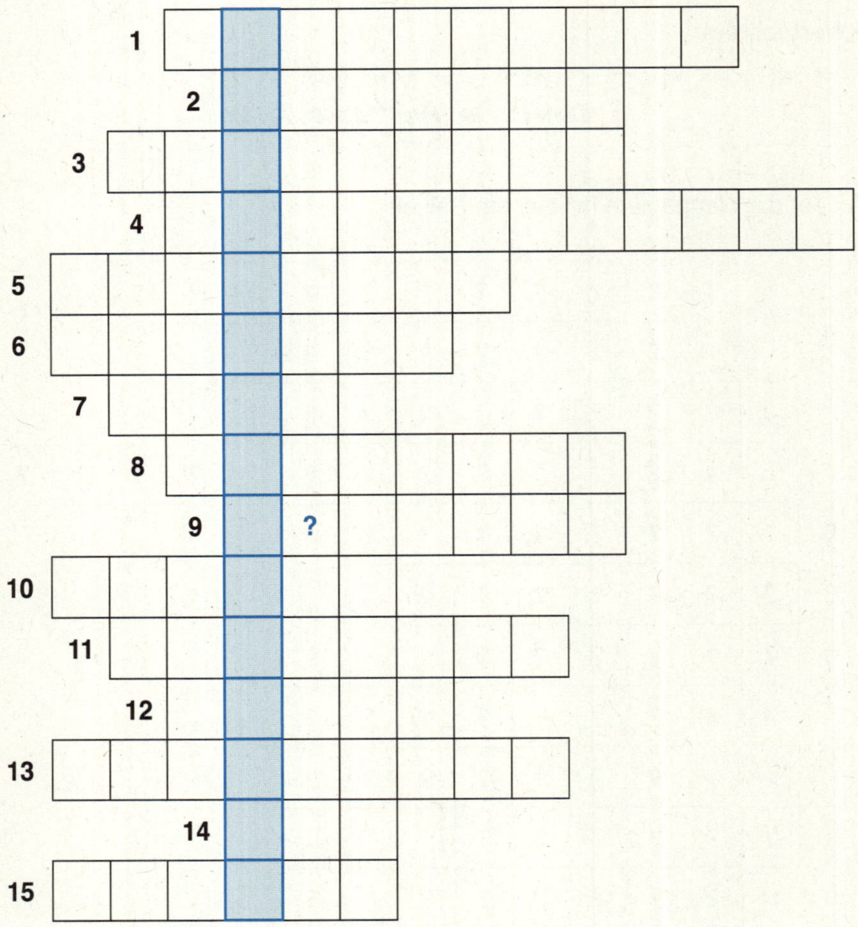

Station 2: Kriterien für den Aktienkauf

An dieser Station sollst du dir nochmals die Kriterien überlegen, die für bzw. gegen den Aktienkauf sprechen.

Halbleiter-Gigant Techno: Lohnt sich der Einstieg?

Viele Gründe, die für eine neue Volksaktie sprechen – und einige dagegen

München (cm) – Ab Montag Stammtischgespräch: Soll man die neue Aktie Techno zeichnen (kaufen) oder nicht? Der Halbleiterproduzent bietet 150 bis 180 Millionen Stück Aktien an. Bei dieser großen Summe haben Interessenten gute Chancen, an die begehrten Stücke heranzukommen. Lohnt sich ein Einstieg? Wie muss man vorgehen? Techno stellt Halbleiterprodukte her. Diese kleinen elektronischen Bauteile werden praktisch überall, speziell in Mobilfunk-Geräten, in der Autoelektronik oder bei Chipkarten benötigt. 26 000 Mitarbeiter weltweit an elf Produktionsstätten in Amerika, Asien und Europa erwirtschafteten im letzten Geschäftsjahr einen Umsatz von 4,4 Mrd. Euro. Damit gehört das Unternehmen zu den Top Ten der Halbleiterindustrie.

Was spricht für eine Zeichnung?

- Volksaktie. Aufgrund der Größe wird Techno bald in den DAX aufgenommen. Das bedeutet, dass alle großen Investmentfonds diesen Wert halten müssen. Damit ist eine gewisse Stabilität gewährleistet.
- Überall dabei. Techno verfügt über eine der breitesten Produktpaletten der weltweiten Halbleiterproduzenten. Sowohl bei Multimedia, bei Autoelektronik, bei Sicherheitstechnik als auch in der Speicherprodukte-Herstellung ist das Unternehmen vertreten.
- Nicht abhängig. Zu den wichtigsten Kunden zählen alle großen Elektronikunternehmen. Das zeigt, dass Techno gut im Markt liegt und nicht von zwei oder drei großen Abnehmern abhängig ist.
- Umsatzstark. Während die Branche durchschnittlich nur um 0,1% wuchs, konnte Techno im letzten Jahr ein Wachstum von 19% vorlegen.
- Wachstumsmarkt. Die Halbleiterbranche wächst weltweit stärker als die Elektroindustrie, die Automobilindustrie oder die Chemie.
- Marktführer in Teilbereichen. Im Sektor Sicherheit gehören intelligente Chipkarten, die Benutzer eindeutig und zweifelsfrei identifizieren können, zu den Wachstumsfeldern. Techno ist mit 41% Marktanteil bei Sicherheitssystemen einer der Global Player.

Was spricht gegen die Zeichnung?

- Grundsätzlich muss sich jeder Privatanleger der Tatsache bewusst sein, dass er mit einer Aktie ein Risikopapier kauft. Garantierte Erträge gibt es nicht.
- Bei Techno kommen branchenspezifische Risiken dazu.
- Halbleiterpreis. Techno wirtschaftet in einem Bereich, der stark vom Halbleiterpreis abhängt. Die Branche musste in den letzten Jahren immer wieder mit einem hohen Preisverfall leben. Die neue Aktie ist kein Oma-Papier, das man beruhigt im Depot liegen lassen kann. Ihr Kurs wird vermutlich stärker schwanken als etwa Chemiewerte.
- Konkurrenz. Im asiatischen Raum stehen wettbewerbsfähige Konkurrenten, die auch geringste Schwächen eiskalt ausnutzen. Die Schnelllebigkeit der Branche erlaubt keine langfristigen Gewinnprognosen.

1. Lies den Zeitungsartikel zur Ausgabe der Technoaktien.
2. Erarbeite mithilfe des Zeitungsartikels die Gesichtspunkte (Stichworte) die **für bzw. gegen** den Kauf von Technoaktien sprechen. Triff eine Entscheidung!
3. Nenne mindestens drei weitere Informationsquellen, die dir zur Verfügung stehen.

Lösung Station 2

Station 3: Aktiengeschäfte

An dieser Station sollst du Bankabrechnungen für den Kauf und Verkauf von Aktien erstellen und die erforderlichen Buchungssätze bei Aktiengeschäften aufschreiben.

Aufgabe 1:

Bearbeite für das Lindauer Unternehmen Maschinenbau Müller, e. K. (MBM) (Inhaberin: Katharina Müller) die folgenden Aufgaben.

1. Katharina Müller gibt der Sparbank Lindau am 03. Januar 20.. den Auftrag, 225 Stück Aktien der Luftikus AG am gleichen Tag billigst, d. h. zum Tageskurs, zu kaufen. Auf welchen Betrag lautet die Bankabrechnung bei einem Spesensatz von 1% vom Kurswert?

INFORMATIONSBLATT zu Aufgabe 1

Freitag, 04. Januar 20.. **WIRTSCHAFT** Nr. 04/Seite 31

Aktuelle Aktienkurse

	03. 01.	02. 01.
...	...	...
Kaiser	14,55	14,20
Kranich	36,50	36,00
Lorscheider	100,25	102,00
Luftikus	21,60	21,10
Mainchemie	110,50	108,10
Medialine	23,45	22,55
Metallwerke	22,50	23,30
MöbelDiscount	31,80	32,10
Oderwerke	28,50	27,80
OptikZentrum	23,90	12,95
Papiermühle Bayern	13,90	13,80
Porzellanwerk	9,45	9,50
Reich	40,60	39,00
...	...	...

2. Bilde für die Fa. Maschinenbau Müller den Buchungssatz für den Kauf der 225 Luftikusaktien.

3. Erstelle für folgenden Beleg den Buchungssatz.

Kontoauszug Kontonummer: 908 020 Auszug: 12 **Sparbank Lindau**
IBAN DE72705950250000908020 Datum: 23. 02. 20.. Blatt: 1
BIC GBNKDEFF

Vorgang/Buchungsinformation	Buchung	Wertstellung	Umsatz in Euro
Gutschrift Dividende für Aktien Luftikus AG	01. 02.	01. 02.	337,50 +

Sparbank · D-88131 Lindau
Maschinenbau Müller
Inh.: Katharina Müller
Am Bodensee 3
88131 Lindau

Zahlungseingänge	EUR	337,50 +
Zahlungsausgänge	EUR	0,00 –
Alter Kontostand	EUR	6.520,00 +
Neuer Kontostand	EUR	6.857,50 +

Postanschrift:	Direkt-Service:	Tel.: 0180 50402	Telefax:	080382 416080	
Sparbank Lindau	Telefon-Banking:	Tel.: 0180 50401	E-Mail:	info@sparbank.xyz	Bankleitzahl
88131 Lindau	Erreichbarkeit:	7x24 Stunden	Internet:	http://www.sparbank.xyz	705 950 25

4. Die folgende Bankabrechnung erreichte das Unternehmen MBM nur unvollständig. Erstelle eine Wertpapierabrechnung.

ABRECHNUNG
WERTPAPIER-VERKAUF

SPARBANK
Bahnhofstraße 1 · 88131 Lindau

Frau/Herrn/Firma
Firma Maschinenbau Müller
Inh.: Katharina Müller
Am Bodensee 3
88131 Lindau

Bank-Nr.:	GP-Nr.:	Depot-Nr.:
02-6200500	02431889	0632070
Depotvermerk		Filiale
		02
Auftrags-Nr.:	Auftragsdatum:	erstellt am:
00000952	24. 02. 20..	29. 02. 20..
Ausführungsplatz/-art:		
Präsenzhandel MUENCHEN var.not.		Depotart: Depot B (Kundenbestand)

ISIN	Wertpapierbezeichnung		
DE0007843029	Luftikus AG		
Nennwert/Stück		ST	225
Kurs/Preis		EUR	23,45
Handelsdatum			25. 02. 20..
Verrechnung über	Konto 26022		Wert 25. 02. 20..

Kurswert	EUR	?????
Spesen 1,00%	EUR	?????
Endbetrag	EUR	?????

Die Wertpapiere und den Gegenwert werden wir entsprechend der Abrechnung am Valutatag buchen.
Bitte prüfen Sie diese Abrechnung auf ihre Richtigkeit und Vollständigkeit.
Etwaige Einwendungen gegen diese Abrechnung müssen unverzüglich nach Zugang bei der Bank erhoben werden.
Kapitalerträge sind einkommensteuerpflichtig. Diese Mitteilung wird nicht unterschrieben.

5. Bilde den Buchungssatz für den Verkauf der 225 Luftikusaktien am 25. 02. des gleichen Jahres (Aufgabe 1 beachten!).

6. Angenommen der Kurs hätte am 25. Februar 20.. nur 20,60 € betragen. Erstelle für diesen Kurs die Bankabrechnung und den Buchungssatz.

Lösung Station 3

Station 4: Effektiver Zinssatz bei Aktien

An dieser Station sollst du den effektiven Zinssatz (tatsächlichen Zinssatz) für Aktien berechnen.

Aufgabe

Ermittle für das Unternehmen Maschinenbau Müller (e. Kfm.) die effektive Verzinsung nach dem Verkauf der Aktien des Unternehmens RHEINCHEMIE AG.

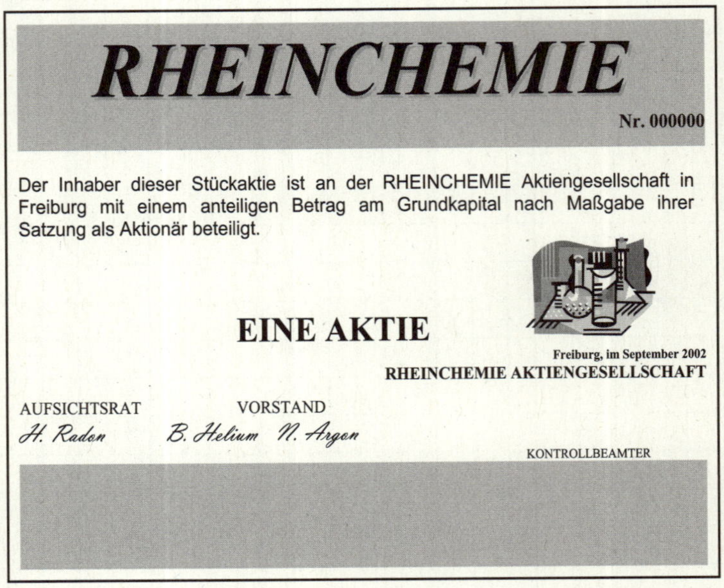

RHEINCHEMIE

Nr. 000000

Der Inhaber dieser Stückaktie ist an der RHEINCHEMIE Aktiengesellschaft in Freiburg mit einem anteiligen Betrag am Grundkapital nach Maßgabe ihrer Satzung als Aktionär beteiligt.

EINE AKTIE

Freiburg, im September 2002

RHEINCHEMIE AKTIENGESELLSCHAFT

AUFSICHTSRAT H. Radon

VORSTAND B. Helium N. Argon

KONTROLLBEAMTER

Am 18. 01. 20.. kaufte Katharina Müller 150 RHEINCHEMIE-Aktien zum Stückkurs von 200,00 €.

Im Besitzzeitraum wurden je Aktie 1,75 € Dividende ausgeschüttet.

Der Verkauf der 150 RHEINCHEMIE-Aktien erfolgte nach 380 Tagen zu 220,00 €.

Kauf- und Verkaufsspesen: 1,2% vom Kurswert; die Bank berechnete im Besitzzeitraum 12,00 € Depotgebühren.

Berechne die Rentabilität (effektiver Zinssatz).

Lösung Station 4

Lösung Station 4 (Fortsetzung)

Station 5: Tabellenkalkulation – Bankabrechnung –

An dieser Station sollst du Bankabrechnungen für Aktiengeschäfte mithilfe eines Tabellenkalkulationsprogramms durchführen.

Aufgabe „Wertpapierabrechnung":

1. Der Ausgabebereich des Rechenblattes (Wertpapierabrechnung) muss von dir programmiert werden. Wie lauten die Formeln für die Zellen G14, G15 und G17?
2. Arbeite mit einem Tabellenkalkulationsprogramm am PC, indem du (falls möglich) die Daten und Formeln eingibst.
3. Drucke das Rechenblatt aus.

	A	B	C	D	E	F	G	H
1	**SPARBANK**							
2	**Bahnhofstraße 1**				**Abrechnung**			
3	**88131 Lindau**				**WERTPAPIER-VERKAUF**			
4	Frau/Herrn/Firma				**Bank-Nr.**		**GP-Nr.**	**Depot-Nr.**
5	Maschinenbau Müller				02-6211001		2431889	632040
6	Inh.: Katharina Müller				**Depotvermerk**			**Filliale 02**
7	Am Bodensee 3				**Auftrags-Nr.**		**Auftragsdatum**	**erstellt am**
8	88131 Lindau				2601		01. 02. 20..	02. 02. 20..
9					Ausführungsplatz/-art Präsenzhandel MUENCHEN			
10	**ISIN**		**Wertpapierbezeichnung**					
11	DE0007225080		WMB AG					
12	Nennwert/Stück	St.	85		**Kurswert**		**????? Euro**	
13	Kurs/Preis		264,00 Euro		**Spesen**		**????? Euro**	
14	Handelsdatum		01. 02. 20..					
15	Spesen in		1,00%		**Endbetrag**		**????? Euro**	
16								
17	Verrechnung über		Konto 90 80 20		Wert 01. 02. 20..			
18							Depotart: Depot B (Kundenbestand)	
19	**Die Wertpapiere und den Gegenwert werden wir entsprechend der Abrechnung am Valutatag buchen. Bitte prüfen Sie diese Abrechnung auf ihre Richtigkeit und Vollständigkeit. Etwaige Einwendungen gegen diese Abrechnung müssen unverzüglich nach Zugang bei der Bank erhoben werden. Kapitalerträge sind einkommensteuerpflichtig. Diese Mitteilung wird nicht unterschrieben.**							

4. Bilde den Buchungssatz für den Verkauf der Aktien. Beim Kauf hatte Katharina Müller 24.520,50 € bezahlt.

Lösung Station 5

An dieser Station sollst du die Rentabilitätsberechnung für Aktiengeschäfte mithilfe eines Tabellenkalkulationsprogramms durchführen.

Aufgabe: „Rentabilitätsberechnung"

Im Unternehmen Maschinenbau Müller wird die Rentabilität (Effektivzinssatz) der Aktienanlagen mithilfe eines Tabellenkalkulationsprogramms berechnet. Dein Kollege hat bereits das Rechenblatt entsprechend gestaltet und in den Eingabebereich die entsprechenden Daten eingegeben.

Nachdem dein Kollege plötzlich erkrankt ist, wirst du mit der Fertigstellung des Rechenblattes beauftragt.

1. Programmiere den Ausgabebereich des Rechenblattes zur Ermittlung der effektiven Verzinsung für Aktien. Wie lauten die Formeln in den Zellen B12 bis B15, B17 bis B20, E12 bis E15 und F19?
2. Arbeite mit einem Tabellenkalkulationsprogramm am PC, indem du die Daten und Formeln eingibst.
3. Drucke das Rechenblatt aus.

	A	B	C	D	E	F	G	H
1	Berechnung der effektiven Verzinsung bei Wertpapieren (Aktien)							
2								
3	Eingabebereich							
4	Wertpapierbezeichnung: Naturstrom AG							
5		**Stück**	**225**	**Besitzdauer**	**270**	Tage		
6		Kurs	Spesen		Gebühren		1. Jahr	2. Jahr
7	**Kauf**	**21,60 €**	**1%**		---	Depotgebühr	**15,00 €**	---
8	**Verkauf**	**23,45 €**	**1%**		---	Dividende	**115,00 €**	---
9								
10	Ausgabebereich							
11	Kauf:			Verkauf:				
12	KW			KW				
13	+ Spesen			– Spesen				
14	+ Gebühren			– Gebühren				
15	Kapitaleinsatz			Verkaufserlös				
16	Gesamtertrag:							
17	Kursgewinn							
18	+ Dividende							
19	– Depotgebühren			Effektive Verzinsung (%) =				
20	Ertrag							

Lösung Station 6

	A	B	C	D	E	F	G	H
1	Berechnung der effektiven Verzinsung bei Wertpapieren (Aktien)							
2								
3	Eingabebereich							
4	Wertpapierbezeichnung: Naturstrom AG							
5		**Stück**	**225**	**Besitzdauer**	**270**	Tage		
6		Kurs	Spesen		Gebühren		1. Jahr	2. Jahr
7	**Kauf**	**21,60 €**	**1%**		---	Depotgebühr	**15,00 €**	---
8	**Verkauf**	**23,45 €**	**1%**		---	Dividende	**115,00 €**	---
9								
10	Ausgabebereich							
11	**Kauf:**			**Verkauf:**				
12	KW			KW				
13	+ Spesen			– Spesen				
14	+ Gebühren			– Gebühren				
15	Kapitaleinsatz			Verkaufserlös				
16	**Gesamtertrag:**							
17	Kursgewinn							
18	+ Dividende							
19	– Depotgebühren			Effektive Verzinsung (%) =				
20	Ertrag							

Station 7: Kapitalanlagen im Vergleich

Überprüfe dein Können an der folgenden Aufgabe.

Fall:

Katharina Müller hat sich entschlossen, die zurzeit nicht benötigten finanziellen Mittel anzulegen und zwar in folgender Weise:

- 20.000,00 € als Online-Tagesgeld (tägliche Verfügbarkeit) bei einer Direktbank zu 4%
- 75.000,00 € als Festgeld (30 Tage) zu 4,5%
- 75.000,00 € für den Kauf von Telekommunikations-Aktien, Stückkurs 49,50 €

Aufgaben:

1. Nenne mögliche Gründe, warum Katharina Müller diese Aufteilung gewählt hat.
2. Mit welchem Betrag wird das Bankkonto von Katharina Müller für den Kauf von 1 500 Stück Telekommunikations-Aktien belastet, wenn die Bank 1% Spesen berechnet?
3. Nach 270 Tagen verkauft Katharina Müller die Telekommunikations-Aktien. Führe die Bankabrechnung durch: Stückkurs 51,25 €, 1% Spesen vom Kurswert.
4. Wie hoch war die Effektivverzinsung der Aktien (Stückdividende 0,50 €; 10,00 € Depotgebühren)?
5. Vergleiche die drei Anlagemöglichkeiten hinsichtlich der effektiven Verzinsung. Kann Katharina Müller mit dem erreichten Ergebnis zufrieden sein?

Lösung Station 7

Station 8: Auswertung von Charts

An dieser Station sollst du den Kursverlauf einer Aktie beschreiben.

Aufgabe:

Das Diagramm („Chart“) zeigt die Kursentwicklung der Pharmawerke AG-Aktie.

1. Beschreibe den Kursverlauf der Pharmawerke AG-Aktie.

2. Geplante Fusionen haben meist unmittelbare Auswirkungen auf den Börsenkurs. Sobald die Presse darüber berichtet, steigen Anleger bei dem Übernahmekandidaten ein. Die „Financial Times“ informierte über den geplanten Kauf von Pharmawerke AG durch RHEINCHEMIE am 07. 12. 20.. Die Aktie der Pharmawerke stand bei 62,00 €. Am 25. 02. 20.. legte RHEINCHEMIE ein konkretes Angebot vor.

2.1 Um wie viel Prozent stieg die Aktie der Pharmawerke in diesem Zeitraum?

2.2 Um wie viel Prozent stieg die Aktie vom 29. 03. 20.. bis 07. 12. 20..?

3. Unter Insider versteht man Personen, die aufgrund ihrer Position einen zeitlichen Informationsvorsprung von kursrelevanten Umständen haben. Dessen Ausnutzung ist gesetzlich untersagt. Erläutere die Problematik von Insidergeschäften am Beispiel der Pharmawerke AG.

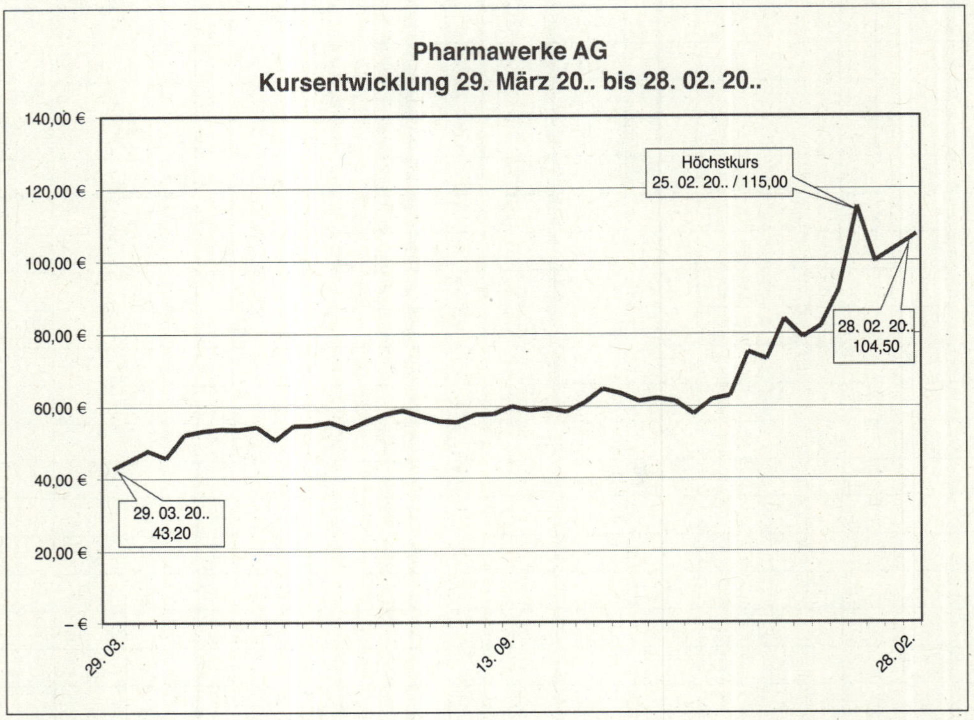

Information: Chartanalyse

Hier beschäftigt man sich mit dem Kurs- und Umsatzverlauf bestimmter Indizes (z. B. DAX oder TecDax) oder ausgewählter Aktien, um eine Tendenz zu erkennen, aus der sich Kauf- oder Verkaufssignale ergeben.

Der Chart gibt grafisch den Kursverlauf der Aktie, einer Branche oder einer bestimmten Auswahl von Aktien wieder. Zusätzliche Hilfslinien sollen eine Trendwende anzeigen oder einen Trend bestätigen.

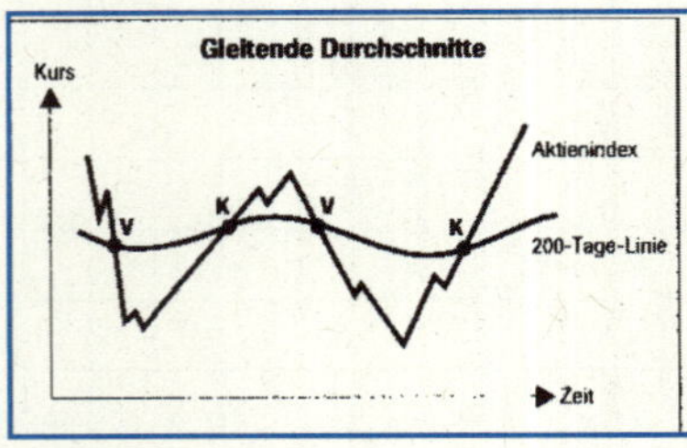

Die **geglättete 200-Tage-Linie** gibt den Durchschnittskurs wieder, der sich aus den Einzelkursen der jeweils letzten 200 Tage errechnet. Durchstößt z. B. der Aktienindex die 200-Tage-Linie von oben nach unten, dann ist es ein Verkaufssignal (V), umgekehrt ein Kaufsignal (K).

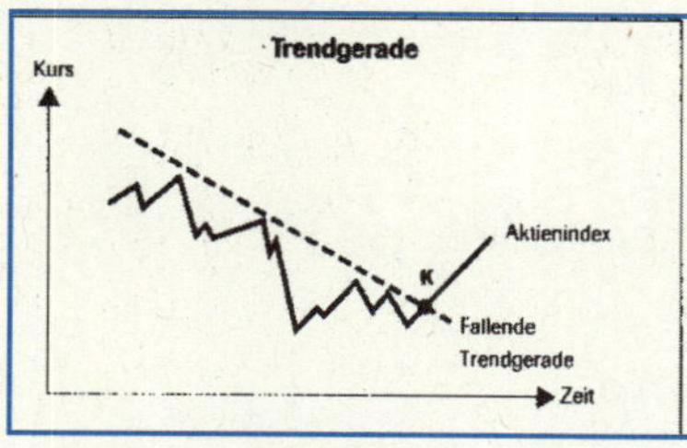

Die **Trendgerade** verbindet im Beispiel die oberen Spitzen des Aktienkursverlaufs. Durchstößt die Aktienkurve die Trendgerade von unten nach oben, dann ist das ein Kaufsignal.

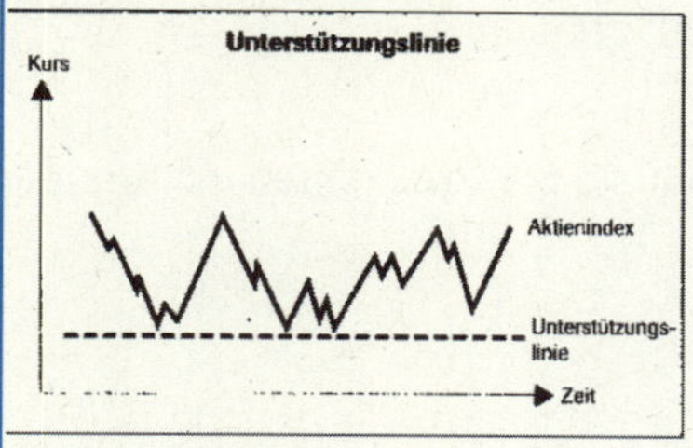

Die **Unterstützungslinie** ist eine langfristige Untergrenze der Aktienkurse, die nicht oder nicht wesentlich unterschritten wurde. Hierfür können unter anderem „psychologische" Kursuntergrenzen verantwortlich sein. Wird diese Untergrenze erst einmal nachhaltig durchbrochen, dann sinkt der Aktienkurs häufig auf ein niedrigeres Niveau.

Außer den vorgestellten rein wirtschaftlichen Methoden der Aktienanalyse sind vom Anleger auch psychologische und politische Einflüsse zu beachten (z. B. Regierungswechsel, politische Krisen).

Lösung Station 8

Station 9: Wertpapiergeschäft

An dieser Station sollst du einen Fragenkatalog zum Wertpapierbereich bearbeiten.

Fragenkatalog zum Wertpapierbereich

1. Wie lautet die Formel zur Berechnung der effektiven Verzinsung von Aktien?
2. Warum ist die zu erwartende effektive Verzinsung von Aktien beim Kauf noch nicht näherungsweise berechenbar?
3. In welchem Konto werden in Industrieunternehmen Aktien beim Kauf gebucht?
4. Wie werden die Ankaufspesen buchhalterisch erfasst?
5. Nenne die Erfassungskonten für Verkaufsgewinne bzw. Verkaufsverluste bei Geschäften mit Wertpapieren des Umlaufvermögens.
6. Was sind Effekten?
7. Was versteht man bei Wertpapieren unter „Mantel" und „Bogen"?
8. Warum sind Aktien „Teilhaberpapiere"?
9. In welchem Konto werden Dividendenerträge gebucht?
10. In welchem Konto werden anfallende Depotgebühren gebucht?
11. Wovon hängt eine gute effektive Verzinsung bei Aktien ab?

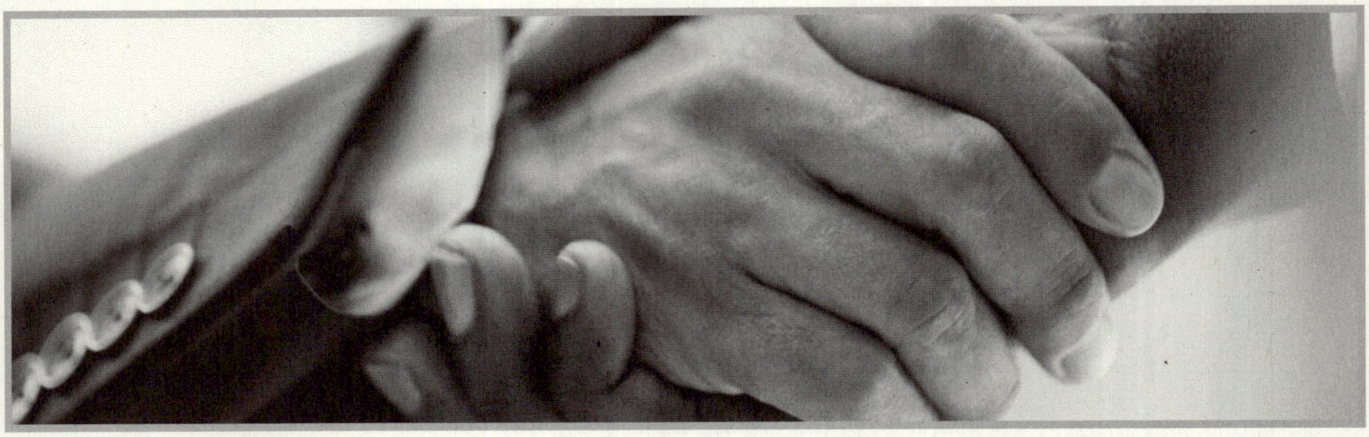

Lösung Station 9

Genießen Sie mit W. W. W.

Werner Wirth hat nach seiner Ausbildung zum Koch internationale Erfahrungen in Tschechien und in der Türkei gesammelt und sich entschlossen für den Großraum Würzburg einen Party-Service der „Extraklasse“ zu gründen!

Sein Angebot richtet sich an Kunden, die aus privaten und betrieblichen Anlässen Feiern unterschiedlichster Art veranstalten wollen, aber aus zeitlichen Gründen nicht in der Lage sind, diese zu organisieren. Sein Leistungsspektrum umfasst:

- Freundliches, geschultes Bedienungspersonal
- Warme und kalte Buffets
- Lieferung von Getränken aller Art
- Nationale und internationale Küche
- Geschirr
- Dekoration
- Räumlichkeiten
- Zelte
- Entertainment (Musik, Zauberer)
- Romantisches Lagerfeuer
- Fotografien
- Kinder- und Seniorenbetreuung
- Einladungsschreiben
- Besonderer Service: Erstellen einer Dokumentation, z. B. CD, DVD

- Fetzige Geburtstagsfeiern
- Harmonische Familienfeiern
- Niveauvolle Betriebsjubiläen
- Festliche Hochzeitsfeiern

Das gibt es nur bei Werner Wirth Würzburg
Ihr Partner für unvergessliche Events.

W. W. W.

Arbeitsaufträge

A1: Für die Werbung des Dienstleistungsunternehmens *Werner Wirth Würzburg* sollen folgende Werbemittel eingesetzt werden:

- Werbeslogan
- Logo
- Homepage
- Werbeprospekte
- Flyer
- Werbeanzeigen in der Tageszeitung
- Werbung im lokalen Rundfunk.

Entwerft und formuliert in Gruppenarbeit wirksame Beispiele.

A2: Welche Behörden sind bei der Gründung des Dienstleistungsunternehmens zu informieren bzw. zu benachrichtigen?

A3: Für die Grundausstattung des Unternehmens *Werner Wirth Würzburg* müssen verschiedene Einrichtungs- und Gebrauchsgegenstände angeschafft werden:

Beschafft Euch jeweils zwei bis drei Angebote für

- Mobile Küchen
- Spülmobile
- Lieferwagen
- Essgeschirr, Bestecke
- Dekorationsmaterial
- Ess-, Bier- und Bistro-Tische

und trefft die entsprechende Entscheidung.

A4: Bildet die Buchungssätze für die Eingangsrechnungen der in A3 genannten Anschaffungen.

A5: Zur Finanzierung der mobilen Küche fehlen dem Unternehmer *Werner Wirth Würzburg* die nötigen Geldmittel. Holt bei den örtlichen Banken Angebote für den erforderlichen Kredit ein und berechnet das günstigere Angebot.

A6: Für den Partyservice muss *Werner Wirth Würzburg* Küchenpersonal einstellen. Formuliert eine Stellenanzeige für den Anzeigenteil der Lokalpresse.

A7: Ermittelt die monatlichen Kosten für

- Werbung
- Leasing (Lieferwagen)
- Post- und Telekommunikation
- Lohn- und Gehaltszahlungen

und bildet die erforderlichen Buchungssätze.

A8: Der Nudelsalat à la Chef ist ein großer Renner. Erstellt eine Liste mit Zutaten und berechnet den Bruttoverkaufspreis für 10 Portionen, wenn 25% Gewinn erzielt werden sollen.

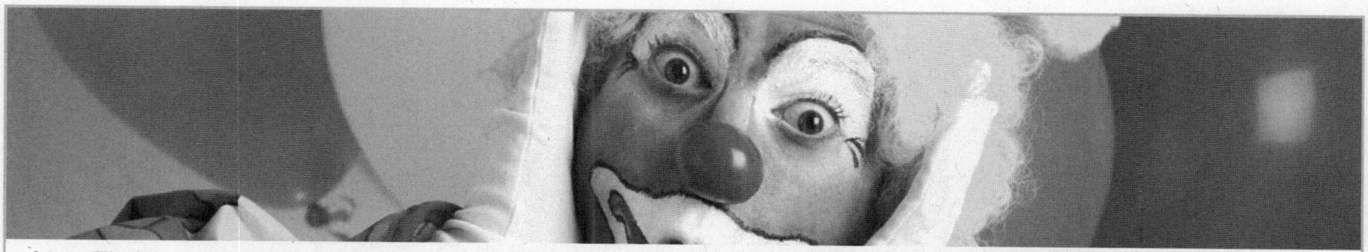

A9: Ein Unternehmen fragt anlässlich eines 50-jährigen Jubiläums nach, ob *Werner Wirth Würzburg* für 100 Mitarbeiter ein Abendbuffet liefern kann. Der Kunde setzt ein Preislimit von 10.000,00 €. Arbeitet ein detailliertes Angebot aus. Die Gewinnerwartung soll bei 15% liegen.

A10: Überlegt, welche Sicherheitsauflagen bei der Durchführung einer Veranstaltung zu berücksichtigen sind. (Z. B. Lärmschutz, Jugendschutz, Hygiene- und Sicherheitsvorschriften)

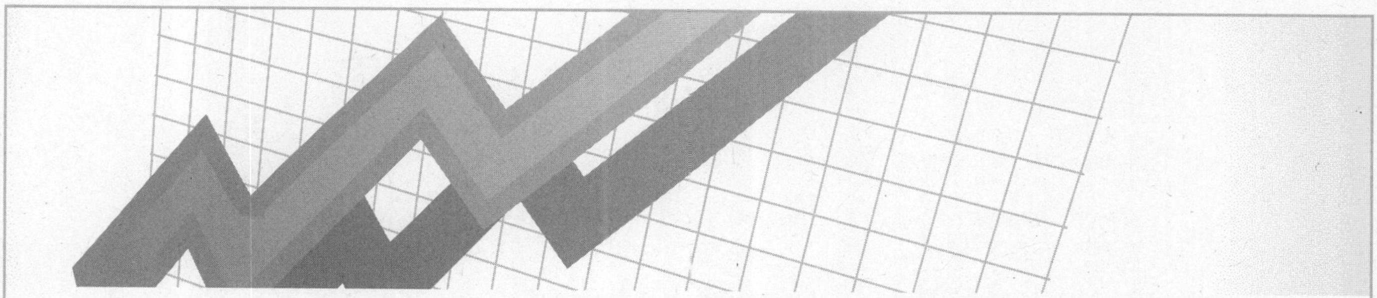

A11: Aufgrund der großen Nachfrage schafft *Werner Wirth Würzburg* ein Festzelt für 500 Gäste an. Legt für das Anlagegut eine Anlagekarte an. Die Nutzungsdauer wird auf 5 Jahre festgelegt.

A12: Die Geschäftsidee von *Werner Wirth Würzburg* ist ein voller Erfolg. Bereits im ersten Geschäftsjahr erwirtschaftet das Dienstleistungsunternehmen einen Jahresüberschuss von 100.000,00 €. Informiert euch über Geldanlagemöglichkeiten und trefft eine erfolgreiche Entscheidung.

A13: Erstellt eine PowerPoint-Präsentation zum Zwecke der Verkaufsförderung.

Das Unternehmen Jenny Jeans ist bekannt für die Herstellung von Jeansbekleidung. Darüber hinaus bietet das Unternehmen Sportschuhe, Taschen, Gürtel und T-Shirts als Handelswaren an.

Inhaberin	Jenny Berger, e. Kfr.
Rechtsform	Einzelunternehmen
Anschrift (Firmensitz)	Königsstraße 7, 63897 Miltenberg
Unternehmenszweck (Fertigerzeugnisse)	Herstellung von Jeansbekleidung
Handelsregister	Registergericht Aschaffenburg Nr. 2121
Steuernummer	9204/228/44444
Mitarbeiterzahl	30 Mitarbeiter (22 Arbeiter/8 Angestellte)
Absatzgebiete	Deutschland und Europa
Werkstoffe, Handelswaren	
Rohstoffe	Baumwollstoff
Fremdbauteile	Nieten, Reißverschlüsse, Knöpfe
Hilfsstoffe	Faden, Futterstoffe
Betriebsstoffe	Strom, Gas, Wasser, Schmierstoffe, ...
Handelswaren	Sportschuhe, Taschen, Gürtel, T-Shirts

Aufgabe 1:

Als Mitarbeiter/Mitarbeiterin in der Abteilung Rechnungswesen hast du folgende Arbeitsaufträge zu erledigen.

Das Unternehmen Jenny Jeans will die alte EDV-Anlage (Großrechner) durch eine neue Anlage (Workstations mit PC) ersetzen. Die Anschaffungskosten betragen 36.000,00 € netto. Die Lieferung und Inbetriebnahme der EDV-Anlage erfolgt am 10. Januar 2011.

1.1 Bilde den Buchungssatz für den Zielkauf der EDV-Anlage.

1.2 Im Zusammenhang mit der Anschaffung von EDV-Anlagen können zusätzliche Kosten entstehen. Nenne zwei Beispiele für derartige Anschaffungsnebenkosten.

1.3 Die neu angeschaffte EDV-Anlage wird in der Anlagenkartei erfasst.

1.3.1 Erstelle eine Abschreibungstabelle und entnimm die Nutzungsdauer der AfA-Tabelle.

1.3.2 Bilde den Buchungssatz für die Abschreibung am 31. 12. 2011.

1.3.3 Handelt es sich bei der Anschaffung der EDV-Anlage um eine Ersatz-, Erweiterungs- oder Rationalisierungsinvestition?

1.3.4 Welches Ziel verfolgen Rationalisierungsinvestitionen?

1.3.5 Abschreibungen auf Anlagen dienen der Selbstfinanzierung. Erkläre diese Aussage.

1.4 Für die alte EDV-Anlage liegt folgende Anlagenkarte vor:

Bezeichnung:	EDV-Anlage	Abschreibungssatz:	$14\frac{2}{7}$%
Konto:	0860		

Datum	Anschaffungskosten	AfA-Satz	AfA-Betrag	Restbuchwert
10. Januar 2008	21.000,00 €			
31. Dez. 2008		$14\frac{2}{7}$%	3.000,00 €	18.000,00 €
31. Dez. 2009		$14\frac{2}{7}$%	3.000,00 €	15.000,00 €
31. Dez. 2010		$14\frac{2}{7}$%	3.000,00 €	12.000,00 €

1.4.1 Von welcher Nutzungsdauer wurde bei der alten EDV-Anlage ausgegangen?

1.4.2 Die alte EDV-Anlage wurde am 23. Januar 2011 für netto 5.550,00 € auf Ziel verkauft. Bilde die erforderlichen Buchungssätze.

Lösung 1

Lösung 1 (Fortsetzung)

Aufgabe 2:

Im Zusammenhang mit der Finanzierung der neuen EDV-Anlage liegt folgendes Rechenblatt zur Tabellenkalkulation vor:

	A	B
1	Berechnung der effektiven Verzinsung	
2	Kreditbetrag	30.000,00 €
3	Laufzeit	300 Tage
4	Zinssatz	12%
5		
6	Zinsen	2.958,90 €
7	Bearbeitungsgebühr	350,00 €
8	Kreditkosten gesamt	
9	Effektive Verzinsung	

2.1 Welche Formel musste im Rechenblatt zur Berechnung der Zinsen in Zelle B6 eingegeben werden?

2.2 Berechne die effektive Verzinsung des Kredits.

2.3 Bilde den Buchungssatz für die Bankgutschrift des Kredits am 01. März. Die Bearbeitungsgebühr wird bei Auszahlung dem Konto belastet.

2.4 Bilde den Buchungssatz für folgenden Bankbeleg:

Kontoauszug Kontonummer: 950 245 Auszug: 36 **STADTBANK Miltenberg**
IBAN DE72760820450009502245 Datum: 07. 07. 20.. Blatt: 01
BIC SBNKDEFF

Vorgang/Buchungsinformation	Buchung	Wertstellung	Umsatz in Euro
Rückzahlung – Kredit	01. 07.	01. 07.	30.000,00 –
Lastschrift – Zinsen	01. 07.	01. 07.	2.958,90 –

Stadtbank Miltenberg · D-63897 Miltenberg

Jenny Jeans
Königsstraße 7
63897 Miltenberg

Alter Kontostand	EUR	88.456,00 +
Neuer Kontostand	EUR	55.497,10 +

Postanschrift: Stadtbank Miltenberg 63897 Miltenberg
Direkt-Service: Tel.: 0180 706044 · Telefon-Banking: Tel.: 0180 704055 · Erreichbarkeit: 7x24 Stunden
Telefax: 06021 253545 · E-Mail: info@stadtbank.xyz · Internet: http://www.stadtbank.xyz
Bankleitzahl 760 820 45

Lösung 2

Lösung 2 (Fortsetzung)

Aufgabe 3:

Das Modegeschäft Thomas Feser, Würzburg erhält von **Jenny Jeans** nach mehrmaliger Mahnung folgendes Schreiben:

> **Zahlungsaufforderung**
>
> Sehr geehrte Damen und Herren,
>
> leider haben Sie die Rechnung Nr. 234 vom 15. 01. 20.. für die Lieferung von Sportschuhen noch nicht beglichen.
>
> Wir belasten Sie daher mit 10% Verzugszinsen für 73 Tage und bitten Sie, umgehend **1.213,80 Euro** auf unser Bankkonto zu überweisen.
>
> Mit freundlichen Grüßen
>
> *i. A. Andrea Hock*

3.1 Ermittle den ursprünglichen Rechnungsbetrag.

3.2 Bilde den Buchungssatz für die Banküberweisung des Kunden einschließlich Verzugszinsen.

3.3 Wie lautete der Buchungssatz für die Ausgangsrechnung?

Lösung 3

Aufgabe 4:

In der Buchhaltung von **Jenny Jeans** sind unter anderem noch folgende Geschäftsfälle zu bearbeiten. Bilde die Buchungssätze:

4.1 Erfassung der Personalaufwendungen (Auszahlung per Banküberweisung). Die Summenzeile der Lohnliste des Unternehmens weist zum 13. Februar 20.. unter anderem folgende Werte aus:

Brutto-löhne	Abzüge		Netto-auszahlung
	Lohnsteuer, Kirchensteuer, Sol.-Zuschlag	Sozialversicherung Arbeitnehmeranteil	
174.000,00 EUR	26.800,00 EUR	36.062,00 EUR	111.138,00 EUR

Arbeitgeberanteil zur Sozialversicherung 34.061,00 €.

4.2 Banküberweisung der Steuerabzüge und Sozialversicherungsbeiträge aus Nr. 4.1

4.3 Beantworte folgende Fragen:

4.3.1 Welche Abzüge müssen an das Finanzamt abgeführt werden?

4.3.2 Wer zahlt die Beiträge für folgende Versicherungen?

- Unfallversicherung (Arbeiter/Angestellte)
- Krankenversicherung (Arbeiter/Angestellte)
- Pflegeversicherung (Unternehmerin)

4.3.3 Es gibt drei lohnsteuerrelevante Merkmale, die bis 2011 auf der ersten Seite der Lohnsteuerkarte zu finden waren und nun in einer Datenbank der Finanzverwaltung unter dem Namen ELStAM (**E**lektronische**L**ohnsteuer**A**bzugs**M**erkmale) zu finden sind. Welche drei Merkmale sind dies?

4.3.4 Wie erhalten die Arbeitgeber diese Daten?

Lösung 4

Aufgabe 5:

STOFFE TRAUMINGER

INHABER: WERNER TRAUMINGER (e. Kfm.)

Oberländer Straße 28 • 97828 Marktheidenfeld
Telefon: 09391 5668 • Telefax: 09391 2256
Internet: www.trauminger.xyz

STOFFE TRAUMINGER • Oberländer Straße 28 • 97828 Marktheidenfeld

Jenny Jeans
Königsstraße 7
63897 Miltenberg

Marktheidenfeld, 14. Oktober 20..

RECHNUNG Nr.: 333

Für die Lieferung vom 13. Oktober 20.. erlauben wir uns Ihnen zu berechnen:

Artikel	Artikel-Nr.	Einzelpreis	Meter	Gesamtpreis
Baumwollstoffe	BW 10	8,00 Euro	1000	8.000,00 Euro
Kunstfaser	KS 12	3,00 Euro	100	300,00 Euro
Leinen	LE 20	11,00 Euro	500	5.500,00 Euro
				13.800,00 Euro
		Rabatt 10%		1.380,00 Euro
		Warenwert netto		12.420,00 Euro
		Umsatzsteuer 19%		2.359,80 Euro
		Endbetrag		**14.779,80 Euro**

Zahlung innerhalb von 30 Tagen rein netto. Bei Bezahlung innerhalb von 10 Tagen gewähren wir 2% Skonto.
Die gelieferte Ware bleibt bis zur vollständigen Bezahlung unser Eigentum. • Amtsgericht Würzburg HRA 2244
Bankverbindung: Sparbank Marktheidenfeld • BLZ 790 550 00 • Kontonummer: 58734
USt-IdNr. DE285004530 • Steuer-Nr. 9204/229/45456

5.1 Bilde den Buchungssatz für die Eingangsrechnung.

5.2 Lohnt es sich zur Ausnutzung des Skontos einen kurzfristigen Bankkredit zu 11% Zinsen aufzunehmen? Begründe deine Entscheidung rechnerisch.

5.3 Bilde den Buchungssatz für die Banküberweisung der Rechnung Nr. 333 am 24. Oktober.

5.4 Welche Bedeutung hat die Ausweisung der Steuernummer auf jeder Rechnung?

5.5 Warum enthalten Rechnungen eine Umsatzsteueridentifikationsnummer?

5.6 Woran kann man die Rechtsform des Unternehmens in der Rechnung erkennen?

Lösung 5

Lösung 5 (Fortsetzung)

Aufgabe 6:

WERTPAPIERABRECHNUNG
Verkauf von Wertpapieren 13. Mai 2011

OHO-Bank
Hauptstelle Würzburg

ST 120	Maschinenbau-Union Aktien		
ISIN DE0007851207			WKN 656800
Kommissionsgeschäft in München			
Kurs	465,00 Euro	Kurswert	55.800,00 Euro
Verwahrung	Girosammeldepot	Spesen	558,00 Euro
Beleg-Nr.	61785		
Schlusstag 13. Mai 2011	Wert 14. Mai 2011		
		Gutschrift	55.242,00 Euro

Jenny Jeans
Inh.: Jenny Berger (e. Kfr.)
Königsstraße 7
63897 Miltenberg

Depot 182788000 Konto 5708860

6.1 Bilde den Buchungssatz für den Beleg, wenn die Aktien mit 54.372,00 € zu Buche stehen.

6.2 Berechne den Prozentsatz für die berechneten Spesen.

6.3 An welchem Börsenplatz wurde das Wertpapiergeschäft abgewickelt?

6.4 Berechne die Rendite für das Wertpapiergeschäft, wenn die Aktien am 12. Januar 2010 gekauft wurden und während der Besitzdauer eine Stückdividende von 1,50 € ausgeschüttet wurde.

6.5 Hat sich das Wertpapiergeschäft gelohnt? Begründe deine Aussage.

Lösung 6

Lösung 6 (Fortsetzung)

Aufgabe 7:

Bilde die Buchungssätze für folgende Geschäftsfälle:

7.1 Zielkauf von 5 Büroregalen zum Stückpreis von 178,50 € brutto und einen Büroschrank 1.071,00 € brutto.

7.2 Barkauf von 100 Disketten, netto 85,00 € und 100000 Blatt Kopierpapier, brutto 595,00 €.

7.3 Aus der örtlichen Presse wird bekannt, dass über das Vermögen von Kunde Locker, Erlenbach, ein Insolvenzverfahren eröffnet wurde. Die Forderung an Kunde Locker beträgt 3.570,00 €.

7.4 Kunde Schneider aus Obernburg verschwindet nach Kanada. Die Forderung über 5.355,00 € ist uneinbringlich.

Lösung 7

Aufgabe 8:

Formuliere die Geschäftsfälle zu folgenden Buchungssätzen:

8.1 2800 BK	476,00 €	an	5495 EFO	400,00 €
			4800 UST	76,00 €
8.2 2200 FE		an	5200 BV	4.500,00 €
8.3 2400 FO	1.071,00 €	an	5410 EAAV	900,00 €
			4800 UST	171,00 €
5410 EAAV	900,00 €	an	0840 FP	1,00 €
			5460 EAVG	899,00 €

Lösung 8

Aufgabe 9:

Zum 31. 12. sind folgende Vorabschlussbuchungen zu bilden.

9.1 Bilde den Buchungssatz für die Abschreibung der neuen EDV-Anlage am Ende des zweiten Nutzungsjahres (siehe Aufgabe 1).

9.2 Die Konten 2400 FO und 3680 PWB weisen folgende Bestände aus:

S	2400 FO	H
142.800,00		

S	3680 PWB	H
		1.230,00

Die Pauschalwertberichtigung soll auf 1% festgesetzt werden. Bilde den erforderlichen Buchungssatz.

9.3 Bei den zweifelhaften Forderungen ist die Einzelwertberichtigung nach folgenden Angaben vorzunehmen:

Kunde	Forderung brutto	Ausfallschätzung
Traurig	2.380,00 €	50%
Scheller	4.165,00 €	20%

Bei Kunde Locker aus Erlenbach (siehe 7.3) rechnen wir mit einem Zahlungseingang von 30%.
Bilde den Buchungssatz für die Einzelwertberechtigung. Die bestehende Einzelwertberichtigung beträgt 2.870,00 €.

9.4 Konto 2100 UFE weist folgende Bestände aus:

S	2100 UFE		H
8000	6.000,00	8010	5.500,00

Bilde den Buchungssatz für die vorbereitende Abschlussbuchung.

Lösung 9

Lösung 9 (Fortsetzung)

Aufgabe 10:

Beantworte folgende Fragen:

10.1 Was versteht man unter Geringwertigen Wirtschaftsgütern (Kleingütern)?

10.2 Nenne zwei gesetzliche Personalzusatzkosten.

10.3 Wodurch unterscheidet sich das Annuitätendarlehen vom Abzahlungsdarlehen?

10.4 Wie werden Geringwertige Wirtschaftsgüter (Sammelposten) am 31. 12. bewertet?

10.5 Welche Dienstleistung bietet ein Factoring-Unternehmen an?

10.6 Welche Anzeichen weisen auf Zahlungsschwierigkeiten des Kunden hin?

10.7 Erkläre folgende Begriffe: Insolvenz, Sanierung, Liquidation.

10.8 Worin unterscheidet sich der Nennwert vom Kurswert bei Aktien?

10.9 Warum werden geschätzte Forderungsausfälle indirekt abgeschrieben?

Lösung 10

Kontenplan (nach dem Industriekontenrahmen – IKR) und Abkürzungsverzeichnis

AKTIVA

KONTENKLASSE 0 Sachanlagen

05 Grundstücke und Bauten

0500	UGR	Unbebaute Grundstücke
0510	BGR	Bebaute Grundstücke
0530	BVG	Betriebs- und Verwaltungsgebäude

07 Technische Anlagen und Maschinen

0700	MA	Maschinen und Anlagen

08 Betriebs- und Geschäftsausstattung

0840	FP	Fuhrpark
0860	BM	Büromaschinen
0870	BA	Büroausstattung (Büromöbel und sonstige Geschäftsausstattung)
0895	SP	Sammelposten

KONTENKLASSE 1 Finanzanlagen

13 Beteiligungen

1300	BET	Beteiligungen

KONTENKLASSE 2 Umlaufvermögen und aktive Rechnungsabgrenzung

Vorräte

20 Roh-, Hilfs- und Betriebsstoffe

2000	R	Rohstoffe (Fertigungsmaterial)
2010	F	Fremdbauteile
2020	H	Hilfsstoffe
2030	B	Betriebsstoffe

21 Unfertige Erzeugnisse

2100	UFE	Unfertige Erzeugnisse

22 Fertige Erzeugnisse und Handelswaren

2200	FE	Fertige Erzeugnisse
2280	HW	Handelswaren

Forderungen und sonstige Vermögensgegenstände

24 Forderungen aus Lieferungen und Leistungen

2400	FO	Forderungen aus Lieferungen und Leistungen
2470	ZWFO	Zweifelhafte Forderungen

26 Sonstige Vermögensgegenstände

2600	VORST	Vorsteuer
2690	SOFO	Übrige sonstige Forderungen

27 Wertpapiere des Umlaufvermögens

2700	WP	Wertpapiere des Umlaufvermögens

28 Flüssige Mittel

2800	BK	Bank (Kontokorrentkonto)
2880	KA	Kasse

29 Aktive Rechnungsabgrenzung

2900	ARA	Aktive Rechnungsabgrenzung

PASSIVA

KONTENKLASSE 3 Eigenkapital und Rückstellungen

30 Eigenkapital

3000	EK	Eigenkapital
3001	P	Privatkonto

36 Wertberichtigungen

3670	EWB	Einzelwertberichtigung (zu Forderungen)
3680	PWB	Pauschalwertberichtigung (zu Forderungen)

38 Steuerrückstellungen

39 Sonstige Rückstellungen

3900	SORST	Sonstige Rückstellungen

KONTENKLASSE 4 Verbindlichkeiten und passive Rechnungsabgrenzung

42 Verbindlichkeiten gegenüber Kreditinstituten

4200	KBKV	Kurzfristige Bankverbindlichkeiten (bis zu einem Jahr)
4250	LBKV	Langfristige Bankverbindlichkeiten

44 Verbindlichkeiten aus Lieferungen und Leistungen

4400	VE	Verbindlichkeiten aus Lieferungen und Leistungen

48 Sonstige Verbindlichkeiten

4800	UST	Umsatzsteuer
4830	VFA	Sonstige Verbindlichkeiten gegenüber dem Finanzamt
4840	VSV	Verbindlichkeiten gegenüber Sozialversicherungsträgern
4890	SOVE	Übrige sonstige Verbindlichkeiten

49 Passive Rechnungsabgrenzung

4900	PRA	Passive Rechnungsabgrenzung

ERTRÄGE

KONTENKLASSE 5 Erträge

50 Umsatzerlöse für eigene Erzeugnisse

*	5000	UEFE	Umsatzerlöse für eigene Erzeugnisse (Fertigerzeugnisse)
	5001	EBFE	Erlösberichtigungen eigene Erzeugnisse (Fertigerzeugnisse)

51 Umsatzerlöse für Handelswaren

*	5100	UEHW	Umsatzerlöse für Handelswaren
	5101	EBHW	Erlösberichtigungen Handelswaren

52 Erhöhung oder Verminderung des Bestandes an unfertigen und fertigen Erzeugnissen

*	5200	BV	Bestandsveränderungen

54 Sonstige betriebliche Erträge

	5400	EMP	Erträge aus Vermietung und Verpachtung
	5410	EAAV	Erlöse aus dem Abgang von Gegenständen des Anlagevermögens
*	5430	ASBE	Andere sonstige betriebliche Erträge
	5450	EAWB	Erträge aus der Auflösung oder Herabsetzung von Wertberichtigungen auf Forderungen
	5460	EAVG	Erträge aus dem Abgang von Vermögensgegenständen
	5490	PFE	Periodenfremde Erträge
	5495	EFO	Erträge (Zahlungseingänge) aus abgeschriebenen Forderungen

57 Zinsen und ähnliche Erträge

	5710	ZE	Zinserträge
	5780	DDE	Dividendenerträge (Erträge aus Wertpapieren des Umlaufvermögens)
	5784	EAWP	Erträge aus dem Abgang von Wertpapieren des Umlaufvermögens

AUFWENDUNGEN

KONTENKLASSE 6 Betriebliche Aufwendungen

Materialaufwand

60 Aufwendungen für Roh-, Hilfs-, Betriebsstoffe, Fremdbauteile und Handelswaren

*	6000	AWR	Aufwendungen für Rohstoffe (Fertigungsmaterial)
	6001	BZKR	Bezugskosten Rohstoffe
	6002	NR	Nachlässe Rohstoffe
*	6010	AWF	Aufwendungen für Fremdbauteile
	6011	BZKF	Bezugskosten Fremdbauteile
	6012	NF	Nachlässe Fremdbauteile
*	6020	AWH	Aufwendungen für Hilfsstoffe
	6021	BZKH	Bezugskosten Hilfsstoffe
	6022	NH	Nachlässe Hilfsstoffe
*	6030	AWB	Aufwendungen für Betriebsstoffe
	6031	BZKB	Bezugskosten Betriebsstoffe
	6032	NB	Nachlässe Betriebsstoffe
*	6040	AWVM	Aufwendungen für Verpackungsmaterial
*	6080	AWHW	Aufwendungen für Handelswaren
	6081	BZKHW	Bezugskosten Handelswaren
	6082	NHW	Nachlässe Handelswaren

61 Aufwendungen für bezogene Leistungen

*	6140	AFR	Ausgangsfrachten
*	6160	FRI	Fremdinstandhaltung (Reparaturen)

Personalaufwand

62 Löhne

*	6200	L	Löhne

63 Gehälter

*	6300	G	Gehälter

64 Soziale Abgaben

*	6400	AGASV	Arbeitgeberanteil zur Sozialversicherung
*	6420	BBG	Beiträge zur Berufsgenossenschaft

Abschreibungen auf Anlagevermögen

65 Abschreibungen

*	6520	ABSA	Abschreibungen auf Sachanlagen
*	6545	ABSP	Abschreibung auf Sammelposten

Sonstige betriebliche Aufwendungen

67 Aufwendungen für die Inanspruchnahme von Rechten und Diensten

*	6700	AWMP	Mieten, Pachten
*	6710	LS	Leasing
*	6730	GEB	Gebühren
*	6750	KGV	Kosten des Geldverkehrs
*	6770	RBK	Rechts- und Beratungskosten

68 Aufwendungen für Kommunikation

*	6800	BMK	Büromaterial und Kleingüter
*	6810	ZFL	Zeitungen und Fachliteratur
*	6820	PUK	Post- und Kommunikationsgebühren
*	6850	REK	Reisekosten
*	6870	WER	Werbung

69 Aufwendungen für Beiträge und Sonstiges sowie Wertkorrekturen

*	6900	VBEI	Versicherungsbeiträge
*	6920	BWB	Beiträge zu Wirtschaftsverbänden und Berufsvertretungen
	6930	VSF	Verluste aus Schadensfällen
	6950	ABFO	Abschreibungen auf Forderungen
	6960	VAVG	Verluste aus dem Abgang von Vermögensgegenständen
	6990	PFAW	Periodenfremde Aufwendungen

KONTENKLASSE 7 Weitere Aufwendungen

70 Betriebliche Steuern

*	7000	GWST	Gewerbesteuer
*	7020	GRST	Grundsteuer
*	7030	KFZST	Kraftfahrzeugsteuer

74 Verluste aus dem Abgang von Wertpapieren des Umlaufvermögens

	7460	VAWP	Verluste aus dem Abgang von Wertpapieren des Umlaufvermögens

75 Zinsen und ähnliche Aufwendungen

*	7510	ZAW	Zinsaufwendungen

ERGEBNISRECHNUNGEN

KONTENKLASSE 8 Ergebnisrechnungen

80 Eröffnung/Abschluss

	8000	EBK	Eröffnungsbilanzkonto
	8010	SBK	Schlussbilanzkonto
	8020	GUV	GuV-Konto

KONTENKLASSE 9 Kosten- und Leistungsrechnung (KLR)

90 NAWE Neutrale Aufwendungen und Erträge
91 KKOR Kostenrechnerische Korrekturen
92 KL Kosten und Leistungen

* Kennzeichnung für Konten, die in die Kosten- und Leistungsrechnung eingehen.

Anhang 1

Die Formulare für die Lohn- und Gehaltsabrechnungen beinhalten in der Praxis viele Informationen, sind also auf den ersten Blick verwirrend. Bei Herrn Hellstern würde seine Gehaltsabrechnung – vereinfacht dargestellt – so aussehen:

Holzbau Rosenheim
Stefanie Bauer
Lindenstraße 14–16
83024 Rosenheim

31. Mai 20..

Herrn
Manfred Hellstern
Schillerweg 4
83024 Rosenheim

LOHN-/GEHALTSABRECHNUNG FÜR MAI 20..
(Verdienstbescheinigung – Bitte aufbewahren)

Geburtsdatum:	04. 01. 1990	Eintrittsdatum:	01. April 20..
Steuerklasse:	eins	Personalnummer:	0298
Religion:	röm.-kath.		

Steuerpflichtiges Bruttogehalt		**2.600,00 €**
Lohnsteuer	364,91 €	
Solidaritätszuschlag	20,07 €	
Kirchensteuer	29,19 €	
Steuerabzüge	414,17 €	414,17 €
Krankenversicherung	213,20 €	
Pflegeversicherung	25,35 €	
Rentenversicherung	254,80 €	
Arbeitslosenversicherung	39,00 €	
Sozialversicherungsabzüge	532,35 €	532,35 €
Nettobetrag (Banküberweisung)		**1.653,48 €**

Banküberweisung auf das Konto 654321 bei der Chiemgau-Bank Rosenheim.

Lohn- und Gehaltsabrechnungen sind jedoch immer nach folgendem **Abrechnungsschema** aufgebaut:

BRUTTO	Bruttolohn/-gehalt	2.600,00 €
– ABZÜGE	– Steuerabzüge	414,17 €
	– Abzüge zur Sozialversicherung	532,35 €
= NETTO	Nettolohn/-gehalt	1.653,48 €

Notizen zur Lohn- und Gehaltsabrechnung

Anhang 2

Für Herrn Hellstern trifft folgender Teil der Monatslohnsteuertabelle zu:[1]

Auszug aus der Allgemeinen Lohnsteuertabelle 2012

(Kirchensteuer 8%)

Brutto Kinderfreibetrag			0,0		1		2	
ab Euro	**StK**	**Steuer**	SolZ	KiStr	SolZ	KiStr	SolZ	KiStr
2.580,00	I	360,50	19,82	28,84	10,83	15,76	–	4,32
	II	328,58	–	–	9,27	13,49	–	2,61
	III	144,83	–	11,58	–	2,49	–	–
	IV	360,50	19,82	28,84	15,20	22,12	10,83	15,76
	V	635,00	34,92	50,80	–	–	–	–
	VI	671,00	36,90	53,68	–	–	–	–
2.583,00	I	361,25	19,86	28,90	10,87	15,82	–	4,36
	II	329,33	–	–	9,31	13,54	–	2,65
	III	145,50	–	11,64	–	2,53	–	–
	IV	361,25	19,86	28,90	15,24	22,17	10,87	15,82
	V	636,00	34,98	50,88	–	–	–	–
	VI	672,08	36,96	53,76	–	–	–	–
2.586,00	I	362,08	19,91	28,96	10,91	15,87	–	4,41
	II	330,08	–	–	9,35	13,60	–	2,69
	III	146,16	–	11,69	–	2,57	–	–
	IV	362,08	19,91	28,96	15,28	22,23	10,91	15,87
	V	637,00	35,03	50,96	–	–	–	–
	VI	673,16	37,02	53,85	–	–	–	–
2.589,00	I	362,83	19,95	29,02	10,95	15,93		4,45
	II	330,83	–	–	9,38	13,65	–	2,72
	III	146,83	–	11,74	–	2,61	–	–
	IV	362,83	19,95	29,02	15,32	22,29	10,95	15,93
	V	638,16	35,09	51,05	–	–	–	–
	VI	674,25	37,08	53,94	–	–	–	–
2.592,00	I	363,58	19,99	29,08	10,99	15,98	–	4,50
	II	331,58	–	–	9,42	13,70	–	2,76
	III	147,50	–	11,80	–	2,65	–	–
	IV	363,58	19,99	29,08	15,36	22,34	10,99	15,98
	V	639,16	35,15	51,13	–	–	–	–
	VI	675,33	37,14	54,02	–	–	–	–
2.595,00	I	364,33	20,03	29,14	11,02	16,04	–	4,54
	II	332,33	–	–	9,46	13,76	–	2,80
	III	148,16	–	11,85	–	2,69	–	–
	IV	364,33	20,03	29,14	15,40	22,40	11,02	16,04
	V	640,33	35,21	51,22	–	–	–	–
	VI	676,50	37,20	54,12	–	–	–	–
2.598,00	I	364,91	20,07	29,19	11,06	16,09	–	4,58
	II	333,08	–	–	9,49	13,81	–	2,84
	III	148,83	–	11,90	–	2,72	–	–
	IV	365,08	20,07	29,20	15,44	22,46	11,06	16,09
	V	641,33	35,27	51,30	–	–	–	–
	VI	677,58	37,26	54,20	–	–	–	–

[1] Es gibt auch Jahrestabellen

Brutto	Kinderfreibetrag		0,0		1		2	
ab Euro	StK	Steuer	SolZ	KiStr	SolZ	KiStr	SolZ	KiStr
2.601,00	I	365,91	20,12	29,27	11,10	16,14	–	4,62
	II	333,83	–	–	9,53	13,86	–	2,88
	III	149,50	–	11,96	–	2,76	–	–
	IV	365,91	20,12	29,27	15,48	22,52	11,10	16,14
	V	642,33	35,32	51,38	–	–	–	–
	VI	678,66	37,32	54,29	–	–	–	–
2.604,00	I	366,66	20,16	29,33	11,14	16,20	–	4,67
	II	334,58	–	–	9,57	13,92	–	2,92
	III	150,16	–	12,01	–	2,80	–	–
	IV	366,66	20,16	29,33	15,52	22,58	11,14	16,20
	V	643,50	35,39	51,48	–	–	–	–
	VI	679,75	37,38	54,38	–	–	–	–
2.607,00	I	367,41	20,20	29,39	11,17	16,26	–	4,72
	II	335,33	–	–	9,60	13,97	–	2,96
	III	150,83	–	12,06	–	2,84	–	–
	IV	367,41	20,20	29,39	15,56	22,64	11,17	16,26
	V	644,66	35,45	51,57	–	–	–	–
	VI	680,83	37,44	54,46	–	–	–	–
2.610,00	I	368,16	20,24	29,45	11,21	16,31	–	4,76
	II	336,16	–	–	9,64	14,02	–	3,00
	III	151,50	–	12,12	–	2,88	–	–
	IV	368,16	20,24	29,45	15,60	22,70	11,21	16,31
	V	645,66	35,51	51,65	–	–	–	–
	VI	681,91	37,50	54,55	–	–	–	–
2.613,00	I	369,00	20,29	29,52	11,25	16,37	–	4,80
	II	336,91	–	–	9,68	14,08	–	3,04
	III	152,16	–	12,17	–	2,92	–	–
	IV	369,00	20,29	29,52	15,64	22,76	11,25	16,37
	V	646,66	35,56	51,73	–	–	–	–
	VI	683,00	37,56	54,64	–	–	–	–
2.616,00	I	369,75	20,33	29,58	11,29	16,42	–	4,84
	II	337,66	–	–	9,71	14,13	–	3,08
	III	152,66	–	12,21	–	2,94	–	–
	IV	369,75	20,33	29,58	15,68	22,81	11,29	16,42
	V	647,83	35,63	51,82	–	–	–	–
	VI	684,08	37,62	54,72	–	–	–	–
2.619,00	I	370,50	20,37	29,64	11,33	16,48	–	4,89
	II	338,41	–	–	9,75	14,18	–	3,12
	III	153,33	–	12,26	–	2,98	–	–
	IV	370,50	20,37	29,64	15,72	22,87	11,33	16,48
	V	649,00	35,69	51,92	–	–	–	–
	VI	685,16	37,68	54,81	–	–	–	–
2.622,00	I	371,25	20,41	29,70	11,36	16,53	–	4,94
	II	339,16	–	–	9,79	14,24	–	3,16
	III	154,00	–	12,32	–	3,02	–	–
	IV	371,25	20,41	29,70	15,76	22,93	11,36	16,53
	V	650,00	35,75	52,00	–	–	–	–
	VI	686,25	37,74	54,90	–	–	–	–

Anhang 2 (Fortsetzung)

Brutto Kinderfreibetrag			0,0		1		2	
ab Euro	StK	Steuer	SolZ	KiStr	SolZ	KiStr	SolZ	KiStr
2.625,00	I	372,08	20,46	29,76	11,40	16,58	–	4,98
	II	339,91	–	–	9,83	14,30	–	3,20
	III	154,66	–	12,37	–	3,06	–	–
	IV	372,08	20,46	29,76	15,80	22,98	11,40	16,58
	V	651,00	35,80	52,08	–	–	–	–
	VI	687,33	37,80	54,98	–	–	–	–
2.628,00	I	372,83	20,50	29,82	11,14	16,64	–	5,02
	II	340,66	–	–	9,86	14,35	–	3,24
	III	155,33	–	12,42	–	3,10	–	–
	IV	372,83	20,50	29,82	15,84	23,04	11,44	16,64
	V	652,16	35,86	52,17	–	–	–	–
	VI	688,41	37,86	55,07	–	–	–	–
2.631,00	I	373,58	20,54	29,88	11,48	16,70	–	5,07
	II	341,41	–	–	9,90	14,40	–	3,28
	III	156,00	–	12,48	–	3,14	–	–
	IV	373,58	20,54	29,88	15,88	23,10	11,48	16,70
	V	653,33	35,93	52,26	–	–	–	–
	VI	689,50	37,92	55,16	–	–	–	–
2.634,00	I	374,41	20,59	29,95	11,51	16,75	–	5,12
	II	342,16	–	–	9,94	14,46	–	3,32
	III	156,66	–	12,53	–	3,18	–	–
	IV	374,41	20,59	29,95	15,92	23,16	11,51	16,75
	V	654,33	35,98	52,34	–	–	–	–
	VI	690,66	37,98	55,25	–	–	–	–
2.637,00	I	375,16	20,63	30,01	11,55	16,81	–	5,16
	II	342,91	–	–	9,97	14,51	–	3,36
	III	157,33	–	12,58	–	3,21	–	–
	IV	375,16	20,63	30,01	15,96	23,22	11,55	16,81
	V	655,33	36,04	52,42	–	–	–	–
	VI	691,75	38,04	55,34	–	–	–	–

Notizen zur Allgemeinen Monatslohnsteuertabelle 2012

Anhang 3

Abschreibungstabelle

Die Finanzverwaltung hat die betriebliche Nutzung für die Anlagegüter festgelegt.

Auszug aus der AfA-Tabelle des Bundesfinanzministeriums

Lfd.-Nr.	Anlagegüter	Nutzungsdauer/Abschreibungsdauer in Jahren
1	**Unbewegliches Anlagevermögen**	
1.1	Hallen in Leichtbauweise	14
1.5	Baracken und Schuppen	16
1.8	Pumpenhäuser, Trafostationshäuser u. Schalthäuser	20
1.11	Laderampen	25
2	**Grundstückseinrichtungen**	
2.1	Fahrbahnen, Parkplätze und Hofbefestigungen	
2.1.1	mit Packlage	19
2.1.2	in Kies, Schotter, Schlacken	9
2.3	Umzäunungen	
2.3.1	aus Holz	5
2.7.5	Wasserspeicher	20
2.8	Grünanlagen	15
3	**Betriebsanlagen allgemeiner Art**	
3.1	Krafterzeugungsanlagen	
3.1.2	Stromerzeugung (Gleichrichter, Ladeaggregate, Notstromaggregate, Stromgeneratoren, Stromumformer usw.)	19
3.1.4	Kraft-Wärmekopplungsanlagen (Blockheizkraftwerke)	10
3.1.5	Windkraftanlagen	16
3.1.6	Photovoltaikanlagen	20
3.1.7	Solaranlagen	10
3.3.2	Emissionsmessgeräte	8
3.3.3	Materialprüfgeräte	10
3.4.1	Elevatoren, Förderschnecken, Rollenbahnen, Hängebahnen, Transportbänder, Förderbänder und Plattenbänder	14
3.4.3	Krananlagen	
3.4.3.1	ortsfeste oder auf Schienen	21
3.4.3.2	sonstige	14
3.4.4	Aufzüge, Winden, Arbeitsbühnen, Hebebühnen, Gerüste, Hublifte	
3.4.4.1	stationär	15
3.4.4.2	mobil	11
3.5	Hochregallager	15
3.6	Transportcontainer, Baucontainer, Bürocontainer und Wohncontainer	10
3.10	Sonstige Betriebsanlagen	
3.10.2	Tankanlagen und Zapfanlagen für Treib- und Schmierstoffe	14
3.10.3	Brennstofftanks	25
3.10.4	Autowaschanlagen	10
3.10.6	Alarmanlagen und Überwachungsanlagen	11
4	**Fahrzeuge**	
4.2	Straßenfahrzeuge	
4.2.1	Personenkraftwagen und Kombiwagen	6
4.2.2	Motorräder, Motorroller, Fahrräder u. ä.	7
4.2.3	Lastkraftwagen, Sattelschlepper, Kipper	9
4.2.4	Traktoren und Schlepper	12
4.2.5	Kleintraktoren	8
4.2.6	Anhänger, Auflieger, Wechselaufbauten	11
4.5	sonstige Beförderungsmittel (Elektrokarren, Stapler, Hubwagen usw.)	8
5	**Bearbeitungsmaschinen und Verarbeitungsmaschinen**	
5.3	Bohrmaschinen	
5.3.1	stationär	16